喜楽研の支援教育シリーズ

ゆっくり ていねいに 学びたい子のための

読解ワーク ぷらす 1年

企画・編著 ／ 原田 善造

本書の特色

同シリーズ、読解ワーク①・②の発刊以降に行われた教科書改訂にて、新たに採用された教材を主に掲載しています。

また、様々な文章の読解力をつけることができるように、弊社独自の文章も多数掲載しています。

ゆっくりていねいに、段階を追った学習ができます。

読み書きが苦手な子どもでも、ゆっくりていねいに段階を追って学習することができるよう、問題が作成されています。また、漢字が苦手な子どもでも学習意欲が減退しないように、問題文の全ての漢字にふりがなを記載しています。

どの子も理解できるよう、長文は短く切って掲載しています。

長い文章は読みとりやすいように、主に二つから四つに区切って、問題文と設問に、1、2…の番号をつけ、短い文章から読みとれるよう配慮しました。記述解答が必要な設問については、答えの一部をあらかじめ解答欄に記載しておきました。

豊かな内容が子どもたちの確かな学力づくりに役立ちます。

教科書の内容や構成を研究し、小学校の先生方や特別支援学級や支援教育担当の先生方のアドバイスをもとに問題を作成しています。

あたたかみのあるイラストで、楽しく学習できるよう工夫しています。

問題文に、わかりやすい説明イラストを掲載し、楽しく学習できるようにしました。また、文章理解の補助となるよう配慮しています。

ワークシートの説明・使い方

学習する児童の実態にあわせて、拡大してお使いください。

P6-33（一文・二文・三文・四文の文章を掲載のワークシート）に、QR コードを載せています。ワークシートごとに PDF ファイルをダウンロードすることができます。
※ファイルの読み取りにはパスワードが必要です。パスワードは本書 P5 に記載されています。

長い文章を読みとるのはむずかしいので、読みとりやすいように1234などに文章を短く区切っています。

問題文に対応した**イラスト**が描かれています。

1234は、上の文章の1234にそれぞれ対応しているので、児童が解答を見つける際のヒントになります。

ページによっては、読解の**支援**として、問題文や設問の中の言葉や文に傍線（サイドライン）が引いてあります。

せつめい文（せいかつ）

四文《よんぶん》をよみとろう ①

名まえ

1～4の 文《ぶん》しょうを よみましょう。よめたら、しつもんに こたえましょう。（ならって いない かん字は、ひらがなで かきましょう。）

1 あさ おきたら、ぼくは しんぶんを とりに いき、にわの うえ木《き》ばちに 水《みず》を やります。

2 たべた あとの おちゃわんを はこび、犬《いぬ》の コロに えさを やるのも ぼくの しごとです。

3 おにいちゃんは、おさらを あらったり、コロを さんぽに つれて いったり します。

4 ぼくも 早《はや》く もっと むずかしい しごとを して みたいと おもって います。

1 (1) なにを とりに いきますか。

(2) なにに 水《みず》を やりますか。

2 ぼくが する ことに 二《ふた》つ 〇を つけましょう。

（　）おちゃわんを はこぶ。

（　）おちゃわんを あらう。

（　）コロに えさを やる。

3 だれが コロを さんぽに つれて いきますか。

4 ぼくが 早《はや》く して みたい ことは、どんな ことですか。

もっと（　　　）。

31

【指導にあたって】

- 上の文章の1を二回音読します。そのあと、下の1の設問に答えます。次に上の文章の2を２回音読します。そのあと、下の2の設問に答えます。345とある場合も同様に、それぞれ音読し、設問に答えます。設問を解き終えたら、最後にもう一度音読します。
- 詩の場合は、先に全体を二回音読します。次に1、2、…と分かれている場合は、それぞれに分けて音読し、設問に答えます。設問を解き終えたら、最後にもう一度音読します。

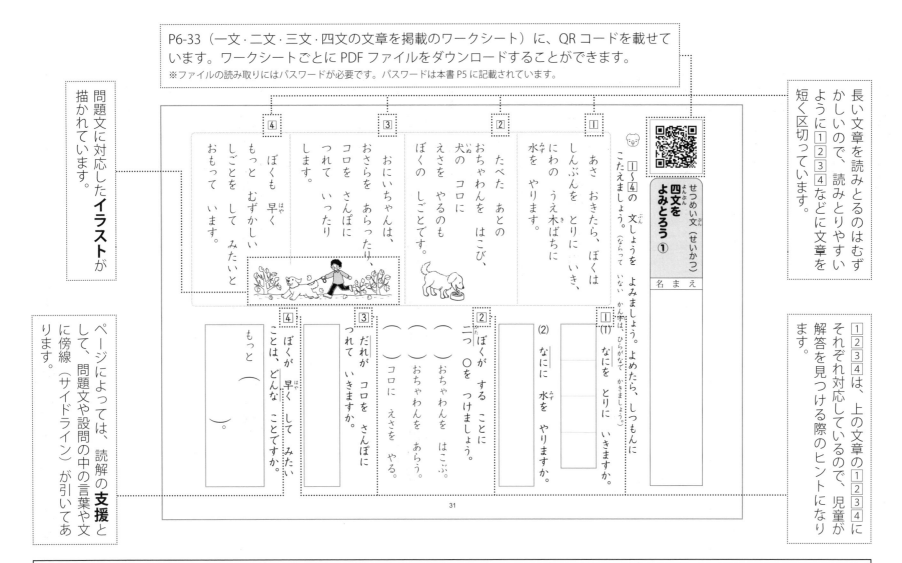

ゆっくり　ていねいに　学びたい子のための　読解ワーク　ぷらす　1年

もくじ

【せつめい文】教科書教材

【ことば】教科書教材

解答例

QR コンテンツについて

P6-P33（一文・二文・三文・四文の文章）のワークシートの PDF ファイルをダウンロードしてご利用いただけます。

右の QR コードを読み取るか、下記の URL よりご利用ください。

URL：
https://d-kiraku.com/4217/4217index.html
ユーザー名：dokkai-pu1
パスワード：wLvD6H

※各ページのQRコードからも、それぞれのPDFファイルを読み取ることができます。
※このユーザー名およびパスワードは、本書をご購入いただいた方に限りご利用いただけます。第三者への共有や転送は固くお断りいたします。また、教育目的で児童・生徒に共有される際は、授業を実施される先生・指導者がコンテンツをダウンロードし、ご利用くださいますようお願いいたします。
※上記 URL は、本書籍の販売終了時まで有効です。

おはなし
一文《いちぶん》を よみとろう ①

名まえ

1

いもうとが
おいしそうに
バナナを
たべています。

2

あさがおの 花《はな》が
うえ木《き》ばちで
きれいに
さきました。

1の 文《ぶん》しょうを よんで
こたえましょう。

(1) だれが？

いもうと

(2) なにを たべていますか。

2の 文《ぶん》しょうを よんで
こたえましょう。
（ならって いない かん字《じ》は、ひらがなで かきましょう。）

(1) なんの 花《はな》が？

(2) どこで？

(3) どう なりましたか。

さきました

おはなし
一文《いちぶん》をよみとろう ②

名まえ

1

先生《せんせい》が「山《やま》」と
いう かん字《じ》の
かきじゅんを ぼくに
おしえて くれました。

2

ひる休《やす》みに、
六年生《ろくねんせい》の
おねえさんが
としょしつで
え本《ほん》を よんで
くれました。

1 の 文《ぶん》しょうを よんで
こたえましょう。
（ならって いない かん字《じ》は、ひらがなで かきましょう。）

(1) だれが？

（　　　　　　）

(2) なにを おしえて くれましたか。

「（　　　　）」と いう かん字《じ》の

（　　　　　　）。

2 の 文《ぶん》しょうを よんで
こたえましょう。
（ならって いない かん字《じ》は、ひらがなで かきましょう。）

(1) だれが？

六年生《ろくねんせい》の

（　　　　　　）。

(2) どこで？

（　　　　　　）

(3) なにを よんで くれましたか。

（　　　　　　）

おはなし 二文《にぶん》をよみとろう ①

名まえ

1、2の 文《ぶん》しょうを よみましょう。よめたら、しつもんに こたえましょう。（ならって いない かん字《じ》は、ひらがなで かきましょう。）

1

学校《がっこう》の
かえりに
大《おお》つぶの 雨《あめ》が
ふって きました。

2

ふと、みちばたを
見《み》ると、
むらさきいろの
あじさいの 花《はな》が
雨《あめ》に ぬれて
さいて いました。

1

(1) 雨《あめ》は、いつ ふって きましたか。

(2) どんな 雨《あめ》ですか。○を つけましょう。

（　）大《おお》つぶの 雨《あめ》

（　）こまかい 雨《あめ》

2

(1) ふと、どこを 見《み》たのですか。

(2) なんの 花《はな》が さいて いましたか。

(3) なにいろの 花《はな》でしたか。

おはなし
二文《にぶん》を よみとろう ②

名まえ

1

たいちおじさんは こうさてんで いつも はたを もって 立《た》って います。子《こ》どもたちの あんぜんに 気《き》を つけて います。

2

きのう、みかさんは 先生《せんせい》に ほめられました。けがを した よしきさんを ほけんしつまで つれて いって あげたからです。

1の 文《ぶん》しょうを よんで こたえましょう。

(1) たいちおじさんは、どこに 立《た》って いますか。

（　　　　　　）

(2) たいちおじさんは、なにに 気《き》を つけて いますか。

子《こ》どもたちの（　　　　　　）。

2の 文《ぶん》しょうを よんで こたえましょう。

(1) だれが、先生《せんせい》に ほめられましたか。

（　　　　　　）

(2) なぜ 先生《せんせい》に ほめられたのですか。

けがを した（　　　　）さんを ほけんしつまで（　　　　）いって あげたから。

おはなし

三文《さんぶん》をよみとろう①

名まえ

☐1〜☐3の 文《ぶん》しょうを よみましょう。よめたら、しつもんに こたえましょう。（ならって いない かん字《じ》は、ひらがなで かきましょう。）

☐1

うちには、二《に》ひきの 犬《いぬ》が います。

☐2

名《な》まえは、シロと ムギと いいます。

☐3

まいあさ、わたしは さんぽに いくのが たのしみです。

☐1 犬《いぬ》は、なんひき いますか。

☐2 犬《いぬ》の 名《な》まえは、なんと いいますか。二《ふた》つ かきましょう。

☐3 わたしが たのしみに して いる ことは、いつ、なにを する ことですか。

● いつ

● なにを する

（　　　　）に いく。

おはなし

三文《さんぶん》を よみとろう ②

名まえ

①～③の 文《ぶん》しょうを よみましょう。
よめたら、しつもんに こたえましょう。

①
土《ど》よう日《び》に、
ぼくは、うわぐつを
あらいました。

②
おかあさんが、
「きれいに なったね。」
と、ほめて くれました。

③
うれしかったので、
また あらおうと
おもいました。

① ぼくは、なにを
あらいましたか。

（　　　　）

② (1) だれが ほめて
くれましたか。

（　　　　）

(2) なんと いって ほめて
くれましたか。

（　　　　）

③ また あらおうと
おもったのは なぜですか。

（　　　　）から。

おはなし 三文《さんぶん》を よみとろう ③

名まえ

1～3の 文《ぶん》しょうを よみましょう。よめたら、しつもんに こたえましょう。（ならって いない かん字《じ》は、ひらがなで かきましょう。）

1
ずこうの じかんに、ねんどあそびを しました。

2
ぼくは、小《ちい》さな ボールを たくさん つくりました。

3
さいごに ボールを ぜんぶ つみ上《あ》げたら、ぶどうが できあがりました。

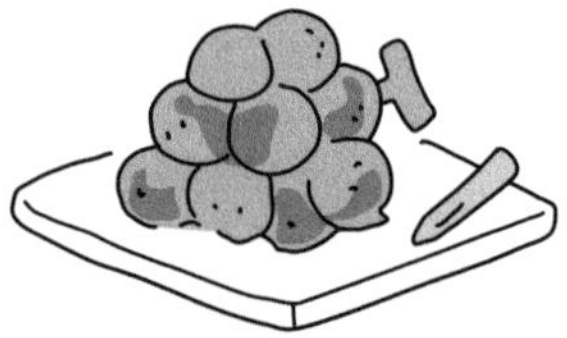

1 ずこうの じかんに、なにを しましたか。

2 ぼくは、なにを たくさん つくりましたか。

3
(1) さいごに、なにを しましたか。

（　　　）を ぜんぶ（　　　）た。

(2) なにが できあがりましたか。

おはなし

三文《さんぶん》をよみとろう ④

名まえ

[1]～[3]の 文《ぶん》しょうを よみましょう。よめたら、しつもんに こたえましょう。（ならって いない かん字《じ》は、ひらがなで かきましょう。）

[1]
ぼくは、うえ木《き》ばちに あさがおの たねを まきました。

[2]
ゆびで 土《つち》に あなを 五《いっ》つ あけて、たねを 一《ひと》つぶずつ まきました。

[3]
たねに 土《つち》を そうっと かけてから、さいごに 水《みず》を やりました。

[1] ぼくは、どこに たねを まきましたか。

[2]
(1) 土《つち》に あなを いくつ あけましたか。

(2) 一《ひと》つの あなに なんつぶずつ たねを まきましたか。

[3] さいごに なにを やりましたか。

おはなし 三文《さんぶん》を よみとろう ⑤

名まえ

〔1〕〜〔3〕の 文《ぶん》しょうを よみましょう。よめたら、しつもんに こたえましょう。

（ならって いない かん字《じ》は、ひらがなで かきましょう。）

〔1〕

目《め》の まえに
ひろがって いる
のはら 一《いち》めんに
赤《あか》い 花《はな》が
さいて います。

〔2〕

のはらの まん中《なか》には、
一本《いっぽん》の みちが
まっすぐに 町《まち》まで
つづいて います。

〔3〕

まっすぐな みちを
ぼくたち 三人《さんにん》は
うたを
うたいながら
あるきました。

〔1〕

(1) 目《め》の まえに なにが 一《いち》めんに ひろがって いますか。

(2) なにが さいて いますか。

〔2〕

(1) のはらの まん中《なか》には、なにが まっすぐに つづいて いますか。

(2) どこまで つづいて いますか。

〔3〕

ぼくたちは、なにを しましたか。〔　〕から あてはまる ことばを えらんで、（　）に かきましょう。

（　　）を
（　　）ながら
（　　）ました。

〔うたい　あるき　うた〕

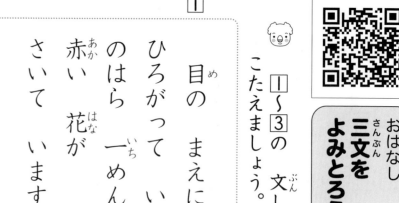

おはなし

三文《さんぶん》を よみとろう ⑥

名まえ

①〜③の 文《ぶん》しょうを よみましょう。よめたら、しつもんに こたえましょう。

①

ともやさんは、じぶんの うちから おばあさんの いえまで ひとりで いけるように なりました。

②

いく とちゅうには しんごうや ふみきりが あるので、ともやさんは、そこでは いつも どきどきしながら いそいで わたります。

③

おばあさんの いえに ついたら、おばあさんから ほめて もらって、おいしい おかしを もらうのが ともやさんの たのしみです。

① ともやさんが ひとりで いける ように なったのは、どこですか。

② (1) おばあさんの いえまでに、なにが ありますか。二《ふた》つ かきましょう。

(2) しんごうや ふみきりでは、ともやさんは いつも どんな ようすで わたりますか。

（　　　）（　　　）しながら わたります。

③ おばあさんの いえに ついた ときの ともやさんの たのしみを 二《ふた》つ かきましょう。

（　　　）から（　　　）もらう こと。

（　　　）を もらう こと。

おはなし
四文《よんぶん》を よみとろう ①

名まえ

1~4の 文《ぶん》しょうを よみましょう。よめたら、しつもんに こたえましょう。
（ならって いない かん字《じ》は、ひらがなで かきましょう。）

1
七月一日《しちがつついたち》は、ぼくの たんじょう日《び》でした。

2
おいわいに、じてん車《しゃ》を かって もらいました。

3
ぼくが ほしかった 青《あお》いろの じてん車《しゃ》です。

4
ちかくの こうえんで おとうさんと のる れんしゅうを しました。

1 ぼくの たんじょう日《び》は いつですか。

2 おいわいに なにを かって もらいましたか。

3 ぼくが ほしかったのは、なにいろの じてん車《しゃ》でしたか。

4 どこで のる れんしゅうを しましたか。

ちかくの（　　　　）。

おはなし

四文《よんぶん》をよみとろう ②

名まえ

[1]〜[4]の 文《ぶん》しょうを よみましょう。よめたら、しつもんに こたえましょう。
（ならって いない かん字《じ》は、ひらがなで かきましょう。）

[1] 休《やす》みじかんに、中《なか》にわで なわとびを れんしゅうしました。

[2] わたしは、まえとびを たくさん とびました。

[3] りくさんは、うしろとびが じょうずです。

[4] わたしも、うしろとびと 二《に》じゅうとびが うまく なりたいです。

[1] (1) 休《やす》みじかんに、なにを れんしゅうしましたか。

(2) どこで れんしゅう しましたか。

[2] わたしは、なにを たくさん とびましたか。

[3] うしろとびが じょうずなのは、だれですか。

[4] わたしが うまく なりたい とびかたを 二《ふた》つ かきましょう。

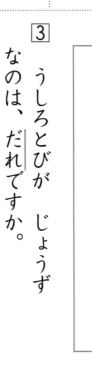

おはなし
四文《よんぶん》をよみとろう ③

名まえ

1～4の 文《ぶん》しょうを よみましょう。よめたら、しつもんに こたえましょう。（ならって いない かん字《じ》は、ひらがなで かきましょう。）

1 えんそくで、どうぶつえんに いきました。

2 わたしは、はじめに キリンを 見《み》ました。

3 つぎに、二《に》とうの ゾウを 見《み》ました。

4 おりの 中《なか》の いけで、ゾウは 水《みず》あびを して いる ところでした。

1 えんそくで、どこに いきましたか。

2 わたしは、はじめに なにを 見《み》ましたか。

3 つぎに 見《み》た どうぶつの かずと 名《な》まえを かきましょう。

● かず

（　　）とう

● 名《な》まえ

4 おりの 中《なか》の いけで、ゾウは なにを して いる ところでしたか。

おはなし
四文《よんぶん》を よみとろう ④

名まえ

1~4の 文《ぶん》しょうを よみましょう。よめたら、しつもんに こたえましょう。（ならって いない かん字《じ》は、ひらがなで かきましょう。）

1 ひる休《やす》みに うんどうじょうで 手《て》つなぎおにを しました。

2 おにの よしとさんは 足《あし》が はやいので、ぼくは すぐに つかまりました。

3 二人《ふたり》で 手《て》を つないで おいかけると、あまり はやく はしれません。

4 それでも、はるかさん、ゆみさんの じゅんに つかまえて、おにが 四《よ》人《にん》に なった ところで、休《やす》みじかんが おわりました。

1 いつ、なにを しましたか。

● いつ　[　　　]

● なにを　[　　　]

2 ぼくが すぐに つかまった のは、なぜですか。○を つけましょう。

（　）おにの 足《あし》が はやいから。

（　）よそ見《み》を して いたから。

3 どんな ときは、あまり はやく はしれないのですか。

二人《ふたり》で （　　）を つないで （　　） とき。

4 おにに つかまった じゅんに 1~3の ばんごうを かきましょう。

（　）ゆみさん

（　）ぼく

（　）はるかさん

おはなし
四文《よんぶん》をよみとろう ⑤

名まえ

①〜④の 文《ぶん》しょうを よみましょう。よめたら、しつもんに こたえましょう。（ならって いない かん字《じ》は、ひらがなで かきましょう。）

①
しゅんやさんの たんにんの 先生《せんせい》は、むらたみさき先生《せんせい》です。

②
むらた先生《せんせい》は、先生《せんせい》に なる まえは 二年《にねん》の あいだ、たいそうきょうしつで はたらいて いたそうです。

③
むらた先生《せんせい》は、小学校《しょうがっこう》の 先生《せんせい》に なるために、いっしょうけんめい べんきょうしたそうです。

④
むらた先生《せんせい》は、とても やさしく べんきょうを おしえて くれて、休《やす》みじかんには みんなと ドッジボールを して あそんで くれます。

①
しゅんやさんの たんにんの 先生《せんせい》の 名《な》まえは なんですか。

②
(1) むらた先生《せんせい》は、どこで はたらいて いましたか。

(2) むらた先生《せんせい》は、なん年《ねん》の あいだ、はたらいて いましたか。

（　　　）の あいだ。

③
(1) むらた先生《せんせい》は、なにに なるために、べんきょう しましたか。

小学校《しょうがっこう》の（　　　）。

(2) どのように べんきょう しましたか。

（　　　）べんきょうしました。

④
むらた先生《せんせい》は、休《やす》みじかんに みんなと なにを して あそんで くれますか。

おはなし

四文《よんぶん》を よみとろう ⑥

名まえ

つぎの 文《ぶん》しょうを よみましょう。よめたら、しつもんに こたえましょう。（ならって いない かん字《じ》は、ひらがなで かきましょう。）

学校《がっこう》から いえに かえると、おかあさんは しょうてんがいに 出《で》かけて るすでした。

わたしは、つくえの 上《うえ》の おかしを たべました。

それから、え本《ほん》を よみました。

「ただいま。」

と、こえが して、おかあさんが 大《おお》きな ふくろを もって かえって きました。

(1) おかあさんは、どこに 出《で》かけて るすでしたか。

(2) おかあさんが るすの あいだ、わたしは なにを しましたか。二《ふた》つ かきましょう。

（　　　　）を たべた。

（　　　　）を よんだ。

(3) かえって きたとき、おかあさんは、なんと いいましたか。

(4) おかあさんは、なにを もって かえって きましたか。

せつめい文《ぶん》（せいかつ）

一文《いちぶん》をよみとろう①

名まえ

1

わたしは
あおいさんと
学校《がっこう》たんけんを
しました。

2

ぼくと
すずきさんは、
休《やす》みじかんに
ちょうりしさんに
あいさつを
しました。

1の 文《ぶん》しょうを よんで こたえましょう。
（ならって いない かん字《じ》は、ひらがなで かきましょう。）

(1) だれが？

(2) だれと？

(3) なにを しましたか。

2の 文《ぶん》しょうを よんで こたえましょう。

(1) だれと だれが？

（　　　）と（　　　）さん。

(2) いつ？ ○を つけましょう。

（　）きゅうしょくじかん

（　）休《やす》みじかん

(3) ちょうりしさんに なにを しましたか。

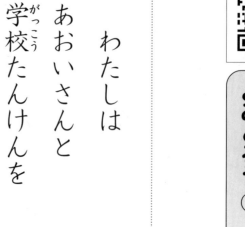

せつめい文《ぶん》（せいかつ）

一文《いちぶん》を よみとろう ②

名まえ

1

のはらや　はたけに
よく　いる
てんとうむしは、
やさいや　草花《くさばな》の
しるを　すう
あぶらむしを
たべて　くれて
います。

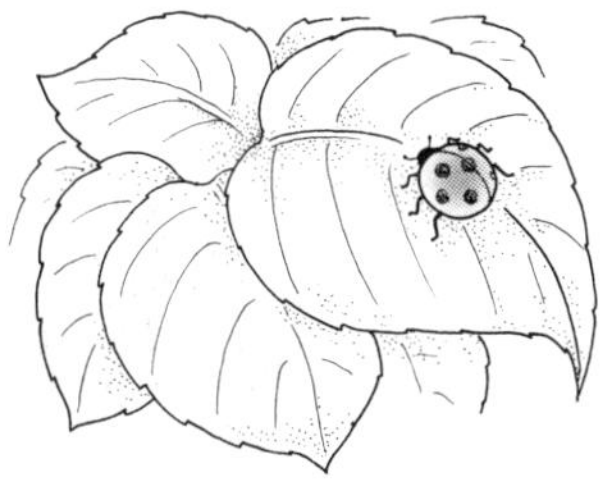

2

てんとうむしを
つかまえると　くさい
しるを　出《だ》す　ことが
ありますが、これは
くさい　しるで
とりなどを
いやがらせて、
みを　まもって
いるのだと
いわれて　います。

1の　文《ぶん》しょうを　よんで　こたえましょう。

(1) てんとうむしは、どこに　よく　いますか。二《ふた》つ　かきましょう。

(2) やさいや　草花《くさばな》の　しるを　すうのは、なんと　いう　虫《むし》ですか。

(3) あぶらむしを　たべるのは、なんと　いう　虫《むし》ですか。

2の　文《ぶん》しょうを　よんで　こたえましょう。

(1) なんと　いう　虫《むし》の　ことが　かいて　ありますか。

(2) てんとうむしを　つかまえると、てんとうむしは　どんな　ことを　しますか。

（　　　）を　出《だ》す。

(3) てんとうむしは、なんの　ために　くさい　しるを　出《だ》すのですか。

（　　　）を　まもるため。

せつめい文《ぶん》（せいかつ）

一文《いちぶん》を よみとろう ③

名まえ

1

あきの　おわりごろに
なると、さくらや
いちょうの　木《き》の　はっぱの
いろは　赤《あか》や　きいろに
かわりますが、まつや
かしの　木《き》の　ように
はっぱの　いろが
みどりいろの　ままで
かわらない　ものも
あります。

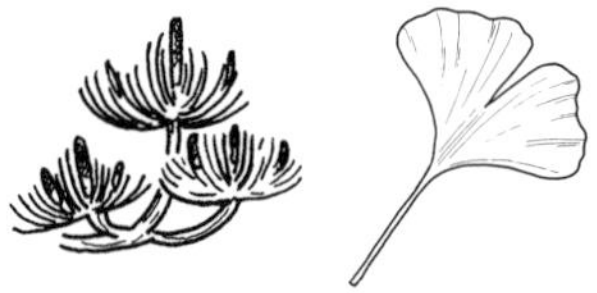

2

やさいには、トマトや
きゅうりの　ように、
みを　たべる　ものの
ほかに、キャベツや
ほうれんそうの　ように
はっぱを　たべる　もの、
だいこんや　ごぼうの
ように　ねの
ところを　たべる
ものが　あります。

1の　文《ぶん》しょうを　よんで　こたえましょう。

あきの　おわりごろに　なると、はっぱの　いろが　つぎの　ように　なるのは、なんと　いう　木《き》ですか。

● 赤《あか》や　きいろに　かわる　木《き》

● みどりいろの　まま　かわらない　木《き》

2の　文《ぶん》しょうを　よんで　こたえましょう。

(1) わたしたちは、いろいろな　やさいの　どんな　ところを　たべて　いますか。三《みっ》つ　かきましょう。

(2) つぎの　ところを　たべるのは、なんと　いう　やさいですか。二《ふた》つずつ　かきましょう。

● みの　ところ

● はっぱの　ところ

● ねの　ところ

せつめい文《ぶん》（せいかつ）

二文《にぶん》をよみとろう①

名まえ

□1、□2の 文《ぶん》しょうを よみましょう。よめたら、しつもんに こたえましょう。（ならって いない かん字《じ》は、ひらがなで かきましょう。）

□1

きのう、生《せい》かつかの 学《がく》しゅうで 学校《がっこう》の 中《なか》を たんけんしました。

□2

ぼくは、きたにわで さくらの 木《き》を 見《み》つけ、山田《やまだ》さんは、うんどうじょうで バックネットを 見《み》つけました。

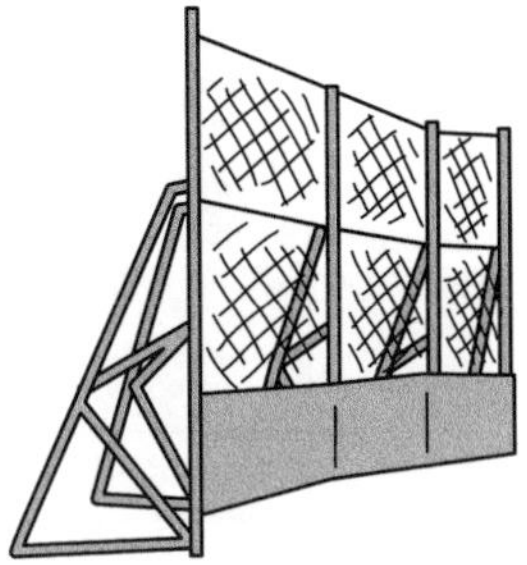

□1

(1) いつの ことですか。一《ひと》つに ○を つけましょう。

（　）きょう
（　）きのう
（　）あした

(2) どこを たんけんしましたか。

□2

(1) さくらの 木《き》を 見《み》つけたのは、だれですか。

(2) バックネットを 見《み》つけたのは、だれですか。

(3) さくらの 木《き》は どこに ありましたか。○を つけましょう。

（　）きたにわ
（　）うんどうじょう

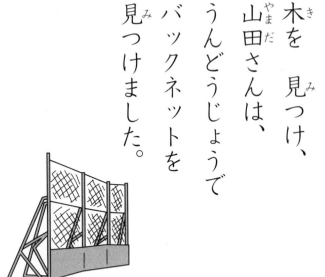

せつめい文《ぶん》（せいかつ）

二文《にぶん》を よみとろう ②

名まえ

1

しょうたさんが、うらにわの
おちばが　つもって　いる
ところを　ひっくりかえすと、
おちばの　下《した》から、
だんごむしが　いっぱい
出《で》て　きました。
　しょうたさんは、
だんごむしは
おちばが
すきなのかな、と
おもいました。

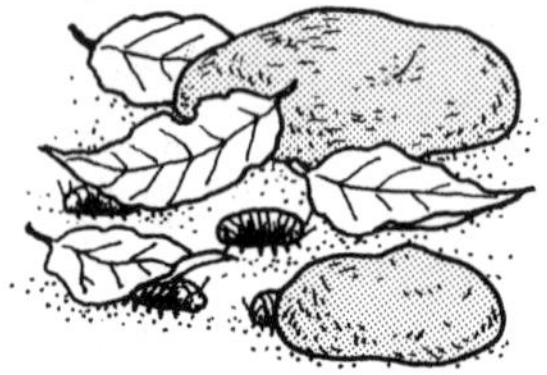

2

けんとさんは、だんごむしを
かってみようと　おもいました。
小《ちい》さい　しいくばこを
よういして、その　中《なか》に、
だんごむしと
だんごむしの　たべものに
する　ための
おちばを
入《い》れました。

1の　文《ぶん》しょうを　よんで　こたえましょう。

(1) どこに　おちばが　つもって　いる　ところが　ありましたか。

(2) しょうたさんが　見《み》つけた　虫《むし》は　なんでしたか。

(3) だんごむしは、どこに　いましたか。○を　つけましょう。

（　）おちばの　上《うえ》

（　）おちばの　下《した》

(4) しょうたさんは、だんごむしの　すきな　ものは　なんだと　おもいましたか。

2の　文《ぶん》しょうを　よんで　こたえましょう。

(1) けんとさんは、なにを　しようと　おもって、しいくばこを　よういしたのですか。

（　　　　）を

（　　　　）と

おもって、よういしました。

(2) けんとさんが　しいくばこの　中《なか》に　入《い》れた　ものは、なんですか。二《ふた》つ　かきましょう。

(3) けんとさんは、だんごむしが　なにを　たべると　おもって　いますか。

せつめい文《ぶん》（せいかつ）

二文《にぶん》を よみとろう ③

名まえ

1

雨《あめ》の　日《ひ》、ゆかさんは
学校《がっこう》からの　かえりみち、
ぬれた　セメントの　かべに
十《じっ》ぴきくらいの　かたつむりが
いるのを　見《み》つけました。
　ゆかさんは、かたつむりは、
セメントが
すきなのかな、と
おもいました。

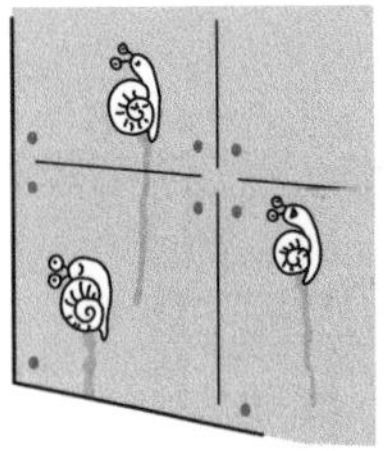

2

　そうまさんは、草《くさ》むらで
てんとうむしを
つかまえました。
　てのひらに　のせて　みると、
てんとうむしは　ゆびを
のぼって　いって、ゆびの
さきまで　くると、はねを
ぱっと　ひろげ　ぶうんと
とんで　いきました。

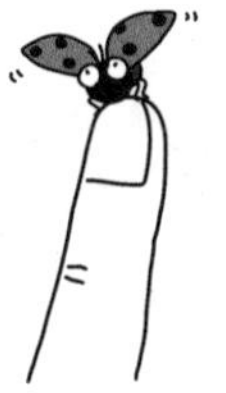

1の　文《ぶん》しょうを　よんで　こたえましょう。

(1) ゆかさんは、なにを　見《み》つけましたか。

（　　　　　　）

(2) ゆかさんの　見《み》つけた　ものは、どんな　ところに　いましたか。

ぬれた（　　　　）の（　　　　）。

(3) ゆかさんは、なんと　おもいましたか。

かたつむりは、（　　　　）、と　おもいました。

2の　文《ぶん》しょうを　よんで　こたえましょう。
（ならって　いない　かん字《じ》は、ひらがなで　かきましょう。）

(1) そうまさんは、どこで　なにを　つかまえましたか。

● どこで（　　　　）

● なにを（　　　　）

(2) つかまえた　てんとうむしは、どんな　ことを　しましたか。○を　つけましょう。

（　）ゆびの　さきまで　のぼって　いって、とんで　いった。

（　）てのひらの　うえで　じっと　していた。

せつめい文《ぶん》（せいかつ）

三文《さんぶん》をよみとろう ①

名まえ

1～3の 文《ぶん》しょうを よみましょう。よめたら、しつもんに こたえましょう。

1
つうがくろを みんなで あるいたら、コンビニが 二《に》けんも ありました。

2
ほかにも、パンやさん、さかなやさん、やさいの ちょくばいじょが ありました。

3
こんなに たくさん おみせが あるとは、いままで 気《き》が つかなかったので びっくりしました。

1 (1) どこを みんなで あるきましたか。

(2) なにが 二《に》けん ありましたか。

2 なんの ちょくばいじょが ありましたか。一《ひと》つに ○を つけましょう。

（　）パン
（　）さかな
（　）やさい

3 どんな ことに 気《き》が つかなかったのですか。一《ひと》つに ○を つけましょう。

（　）つうがくろに おみせが ある こと。
（　）たくさん おみせが ある こと。
（　）コンビニが 二《に》けんも ある こと。

せつめい文《ぶん》（せいかつ）

三文《さんぶん》を よみとろう ②

名まえ

①～③の 文《ぶん》しょうを よみましょう。よめたら、しつもんに こたえましょう。

① あさがおや ひまわりの 花《はな》を さかせるには、まず たねを まいて、そこから 出《で》て きた めを そだてて いきます。

② いっぽう、チューリップや クロッカス、ゆりなどは たねを まくのでは なく、きゅうこんを うえて、それを そだてて 花《はな》を さかせます。

③ きゅうこんは たねでは ありませんが、このように 草花《くさばな》には たねから そだてる ものの ほかに、きゅうこんを うえて そだてる ものも あるのです。

① まず たねを まいて そだてて、花《はな》を さかせる 草花《くさばな》の 名《な》まえを 二《ふた》つ かきましょう。

② きゅうこんを うえて そだてて、花《はな》を さかせる 草花《くさばな》の 名《な》まえを 三《みっ》つ かきましょう。

③ (1) きゅうこんは たねですか。○を つけましょう。

（　）きゅうこんは たねです。

（　）きゅうこんは たねでは ありません。

(2) 正《ただ》しい ほうに ○を つけましょう。

（　）草花《くさばな》には、たねから そだてる ものと、きゅうこんから そだてる ものが あります。

（　）どんな 草花《くさばな》でも、花《はな》を さかせるには、たねを まいて たねから そだてます。

せつめい文《ぶん》（せいかつ）

三文《さんぶん》を よみとろう ③

名まえ

1～3の 文《ぶん》しょうを よみましょう。よめたら、しつもんに こたえましょう。

1

あき、かれ草《くさ》の 上《うえ》を あるくと、ズボンや うわぎに くっつきむしが つく ことが あります。

2

もちろん、ⓐこれは 虫《むし》では なく、オナモミや イノコヅチなどの 草《くさ》の みで、みの おもてに ついて いる とげとげで、人《ひと》の ふくや 犬《いぬ》の けに、ひっかかるように して くっつきます。

3

そして、人《ひと》や 犬《いぬ》に くっついた みは、あちこちに はこばれ、土《つち》に おちて めを 出《だ》し、そこで また なかまを ふやして いくのです。

1

(1) かれ草《くさ》の 上《うえ》を あるく とき、ズボンや うわぎに つく ものは なんですか。

(2) いつの きせつの ことですか。

2

(1) ⓐこれとは、なんの ことですか。○を つけましょう。

（　）くっつきむし

（　）てんとうむし

(2) オナモミや イノコヅチなどの 草《くさ》の みは、どのように して くっつきますか。○を つけましょう。

（　）はの おもてに ついて いる とげとげで、ひっかかる ように して くっつく。

（　）みの おもてに ついて いる とげとげで、ひっかかる ように して くっつく。

3

くっついた みは、その あと どう なりますか。1～4の じゅんに ばんごうを かきましょう。

（　）めを 出《だ》す。

（2）土《つち》に おちる。

（　）あちこちに はこばれる。

（　）そこで なかまを ふやして いく。

せつめい文《ぶん》（せいかつ）

四文《よんぶん》を よみとろう ①

名まえ

1～4の 文《ぶん》しょうを よみましょう。よめたら、しつもんに こたえましょう。（ならって いない かん字《じ》は、ひらがなで かきましょう。）

1
あさ おきたら、ぼくは しんぶんを とりに いき、にわの うえ木《き》ばちに 水《みず》を やります。

2
たべた あとの おちゃわんを はこび、犬《いぬ》の コロに えさを やるのも ぼくの しごとです。

3
おにいちゃんは、おさらを あらったり、コロを さんぽに つれて いったり します。

4
ぼくも 早《はや》く もっと むずかしい しごとを して みたいと おもって います。

1
(1) なにを とりに いきますか。

(2) なにに 水《みず》を やりますか。

2
ぼくが する ことに 二《ふた》つ ○を つけましょう。

（　）おちゃわんを はこぶ。
（　）おちゃわんを あらう。
（　）コロに えさを やる。

3
だれが コロを さんぽに つれて いきますか。

4
ぼくが 早《はや》く して みたい ことは、どんな ことですか。

もっと（　　　　）。

せつめい文《ぶん》（せいかつ）

四文《よんぶん》を よみとろう ②

名まえ

[1]～[4]の 文《ぶん》しょうを よみましょう。よめたら、しつもんに こたえましょう。（ならって いない かん字《じ》は、ひらがなで かきましょう。）

[1]

あきに なると、田《た》んぼの いねは きいろく なって、おこめが たくさん みのります。

[2]

ところが、こまった ことに このような 田《た》んぼには すずめが つぎつぎに ㋐やって きて、みのった おこめを たべるのです。

[3]

そこで、たいせつな おこめを すずめに たべられないように するために、田《た》んぼに たてられて いるのが、かかしです。

[4]

かかしは、人《ひと》の かたちを して いて、とおくから 見《み》ると、田《た》んぼに 人《ひと》が いるように 見《み》えるのか、すずめは ようじんして ちかよって こないようです。

[1] あきに なると、なにが きいろく なって、なにが みのりますか。

田《た》んぼの （　　　　）は きいろく なって、（　　　　）が みのります。

[2] ㋐やって きてと ありますが、どこへ なにが なんの ために やって くるのですか。

● どこへ

● なにが

● なんの ため

（　　　　）を たべるため。

[3] かかしは、なんの ために たてられて いるのですか。○を つけましょう。

（　）おこめを すずめに たべられないように するため。

（　）田《た》んぼに すずめを あつめるため。

[4] かかしは、どんな かたちを して いますか。

（　　　　）の かたち。

せつめい文《ぶん》（せいかつ）

四文《よんぶん》をよみとろう ③

名まえ

□1〜□4の 文《ぶん》しょうを よみましょう。よめたら、しつもんに こたえましょう。
（ならって いない かん字《じ》は、ひらがなで かきましょう。）

□1
草《くさ》むらには、みどりいろを した 虫《むし》や、くろっぽい いろを した 虫《むし》などが くらして います。

□2
えのころぐさなどの 草《くさ》むらには、おんぶばったや とのさまばったなど、ばったの なかまが たくさん いて、草《くさ》の はっぱを かじって たべて います。

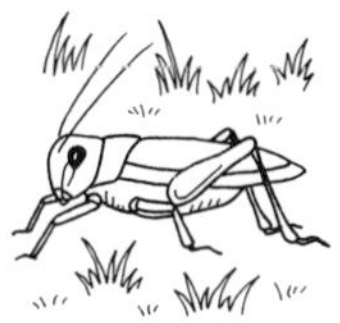

□3
そして、草《くさ》むらに いる ばったや ちょうを ねらう かまきりは、それらを かまで つかまえて たべて います。

□4
また、草《くさ》むらの 下《した》の じめんには、じめんや かれ草《くさ》の いろと よく にた くろっぽい いろを した こおろぎが くらして います。

□1 草《くさ》むらには、どんな いろを した 虫《むし》が くらして いますか。二《ふた》つ かきましょう。

□2 ばったの なかまは、なにを かじって たべて いますか。

□3
(1) ばったや ちょうを ねらうのは、なんですか。

(2) かまきりは、なにを つかって 虫《むし》を つかまえて たべて いますか。○を つけましょう。

（　）かま　（　）きり

□4
(1) こおろぎは、どこで くらして いますか。

（　　）の 下《した》の（　　）。

(2) こおろぎは、どんな いろと よく にた くろっぽい いろを して いますか。

（　　）や（　　）の いろ。

おはなし

おむすび ころりん ①

名まえ

つぎの ぶんしょうを よみましょう。よめたら、しつもんに こたえましょう。

むかし むかしの
はなしだよ。
やまの はたけを
たがやして、
おなかが すいた
おじいさん。
そろそろ おむすび
たべようか。
つつみを ひろげた
その とたん、
おむすび ひとつ
ころがって、
ころころ ころりん
かけだした。

（令和六年度版 光村図書 こくご 一上 かざぐるま はそべ ただし）

(1) いつの はなしですか。

（　　　　）の はなし。

(2) どこの はたけですか。

（　　　　）の はたけ。

(3) はたけを たがやして、おなかが すいたのは だれですか。

(4) おじいさんは、なにを たべようと したのですか。

(5) ころがって、かけだした おむすびは いくつですか。

おはなし

おむすび　ころりん　②

名まえ

つぎの　ぶんしょうを　よみましょう。よめたら、しつもんに　こたえましょう。

まて　まて　まてと
おじいさん、
おいかけて　いったら
おむすびは、
はたけの　すみの
あなの　なか、
すっとんとんと
とびこんだ。

のぞいて　みたが
まっくらで、
みみを　あてたら
きこえたよ。
おむすび　ころりん
すっとんとん。
ころころ　ころりん
すっとんとん。

（令和六年度版　光村図書　こくご　一上　かざぐるま　はそべ　ただし）

(1)　まて　まて　まてと　おいかけたのは、だれですか。

(2)　おじいさんは、なにを　おいかけて　いきましたか。

(3)　おむすびは、どこに　すっとんとんと　とびこみましたか。

（　　）の　すみの
（　　）の　なか。

(4)　みみを　あてたら、どんな　ことばが　きこえましたか。

おむすび　ころりん
（　　）。
ころころ　ころりん
（　　）。

おはなし

おむすび　ころりん ③

名まえ

つぎの　ぶんしょうを　よみましょう。
よめたら、しつもんに　こたえましょう。

これは　これは
おもしろい。
ふたつめ　ころんと
ころがすと、
きこえる　きこえる
おなじ　うた。

おむすび　ころりん
すっとんとん。
ころころ　ころりん
すっとんとん。

おなかが　すいてる
ことなんか、
わすれて　しまった
おじいさん。
うたに
あわせて
おどりだす。
おむすび　ころりん
すっとんとん。
ころころ　ころりん
すっとんとん。

（令和六年度版　光村図書　こくご　一上　かざぐるま　はそべ　ただし）

(1) おじいさんが　ころんと
ころがしたものは、
いくつめの　なにですか。

（　　　　）の
（　　　　）。

(2) うたに　あわせて　おどり
だしたのは、だれですか。

(3) きこえてきた　うたを
かきましょう。

おむすび（　　　　）
すっとんとん。
（　　　　）ころりん
すっとんとん。

おはなし

やくそく①

名まえ

[1]、[2]の ぶんしょうを よみましょう。よめたら、しつもんに こたえましょう。

[1]

ある おおきな 木《き》に、いっぴきの あおむしが いました。あおむしは、まいにち 木《き》の はを たべて、からだが ちょうに かわる ひを まって いました。

[2]

ある とき、いつものように はを たべて いると、どこからか、むしゃむしゃむしゃと、おとが きこえます。なんと、じぶんと そっくりな あおむしが、おなじ 木《き》で、はを たべて います。

（令和六年度版 光村図書 こくご 一上 かざぐるま こかぜ さち）

[1]

(1) あおむしは、どこに いましたか。

ある おおきな （　　　）。

(2) あおむしが まいにち たべて いた ものは なんですか。

（　　　）

(3) あおむしは、どんな ひを まって いましたか。○を つけましょう。

（　）じぶんと そっくりな あおむしが あらわれる ひ。

（　）からだが ちょうに かわる ひ。

[2]

じぶんと そっくりな あおむしは、どんな 木《き》で、はを たべて いますか。

じぶんが はを たべて いる 木《き》と （　　　） 木《き》。

おはなし

やくそく ②

名まえ

つぎの ぶんしょうを よみましょう。
よめたら、しつもんに こたえましょう。

「だめ だめ。
この 木《き》は、ぼくの 木《き》。
ぼくの はっぱ。」
あおむしが いうと、
その あおむしも、
いいました。
「この 木《き》は、
わたしの 木《き》。
だから、はっぱも、
わたしの はっぱ。」

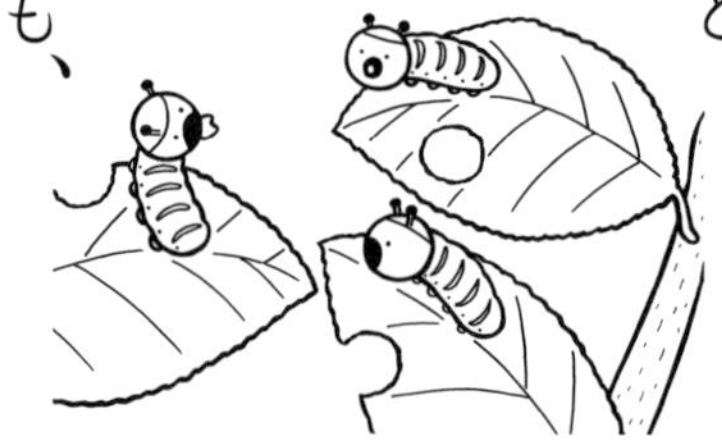

にひきが ㋐いいあいを
して いると、
㋑どこからか、
もりもり もりもりと、
おとが きこえます。
なんと、じぶんたちと
そっくりな あおむしが、
おなじ 木《き》で、
はを たべて います。

（令和六年度版 光村図書 こくご 一上 かざぐるま こかぜ さち）

(1) ㋐いいあいを して いる あおむしは、なんひき ですか。○を つけましょう。

（　）にひき

（　）さんびき

(2) ㋑どこからか、きこえて きたのは どんな おとですか。ぶんの なかから かきましょう。

（　　　　）

(3) じぶんたちと そっくりな あおむしは、なにを して いますか。

おなじ（　　　）で、（　　　）を（　　　）います。

おはなし

たぬきの　糸車《いとぐるま》　①

名まえ

1、2の　文《ぶん》しょうを　よみましょう。
よめたら、しつもんに　こたえましょう。

1

むかし、ある　山《やま》おくに、
きこりの　ふうふが
すんで　いました。
山《やま》おくの　一《いっ》けんやなので、
まいばんのように
たぬきが　やって　きて、
いたずらを　しました。
そこで、きこりは
わなを
しかけました。

2

ある　月《つき》の
きれいな　ばんの　こと、
おかみさんは、糸車《いとぐるま》を
まわして、糸《いと》を
つむいで　いました。
キーカラカラ　キーカラカラ
キークルクル　キークルクル

※きこり…山《やま》で　木《き》を　きりだす　ことを
　しごとに　して　いる　人《ひと》。
※わな…とりや　けものを　おびきよせて、
　つかまえる　しかけ。

（令和六年度版　光村図書　こくご　一下　ともだち　きし　なみ）

1 (1) どんな　ふうふが　すんで
いましたか。

（　　　　）の　ふうふ。

(2) ふうふが　すんで　いる
一《いっ》けんやは、どこに
ありますか。

(3) まいばんの　ように
やって　くるのは、
だれですか。

(4) きこりが　わなを
しかけたのは、たぬきが
なにを　するからですか。

2 だれが、糸車《いとぐるま》を　まわして、
糸《いと》を　つむいで　いますか。

おはなし たぬきの 糸車《いとぐるま》 ②

名まえ

①～③の 文《ぶん》しょうを よみましょう。よめたら、しつもんに こたえましょう。

①

ふと 気《き》が つくと、やぶれしょうじの あなから、二《ふた》つの くりくりした (あ)目玉《めだま》が、こちらを のぞいて いました。

②

糸車《いとぐるま》が キークルクルと まわるに つれて、二《ふた》つの 目玉《めだま》も、くるりくるりと まわりました。そして、月《つき》の あかるい (い)しょうじに、糸車《いとぐるま》を まわす まねを する たぬきの (う)かげが うつりました。

③

おかみさんは、おもわず ふきだしそうに なりましたが、だまって (え)糸車《いとぐるま》を まわして いました。

① (1) なんの あなから、(あ)目玉《めだま》が のぞいて いましたか。

（　　　　）の あな。

(2) どんな (あ)目玉《めだま》が、こちらを のぞいて いましたか。

（　　）つの （　　　　）した 目玉《めだま》。

② (1) (い)しょうじに うつった かげは、なにを して いましたか。

（　　　　）を まわす まねを して いた。

(2) だれの (う)かげが うつりましたか。

（　　　　）の かげ。

③ (え)糸車《いとぐるま》を まわして いたのは、だれですか。

（令和六年度版　光村図書　こくご　一下　ともだち　きし　なみ）

おはなし

たぬきの 糸車《いとぐるま》 ③

名まえ

①~③の 文《ぶん》しょうを よみましょう。よめたら、しつもんに こたえましょう。

①

それからと いう もの、たぬきは、まいばん まいばん やって きて、糸車《いとぐるま》を まわす まねを くりかえしました。

②

㋐「いたずらもんだが、かわいいな。」

ある ばん、こやの うらで、㋑キャーッと いう さけびごえが しました。

③

おかみさんが こわごわ いって みると、いつもの たぬきが、わなに かかって いました。

（令和六年度版　光村図書　こくご　一下　ともだち　きし　なみ）

① だれが、まいばん まいばん やって きましたか。

② ㋐、㋑の ことばや こえは だれの ものですか。□から えらんで かきましょう。

㋐

㋑

たぬき　おかみさん

③ だれが、わなに かかって いましたか。

いつもの （　　　　）。

おはなし

おかゆの　おなべ　①

名まえ

1～3の　文《ぶん》しょうを　よみましょう。
よめたら、しつもんに　こたえましょう。

1

ある　とき、女《おんな》の子《こ》が、森《もり》に
たべものを　さがしに　いくと、
むこうから　おばあさんが
やって　きました。
「こんな　ところで、なにを
して　いるんだね。」

2

おばあさんに　たずねられ、
女《おんな》の子《こ》は　はずかしそうに
こたえました。
「のいちごを　さがして　いるの。
おかあさんと　いっしょに
たべようと　おもって。」

3

「そうかい、そうかい。おまえ、
おなかが　へって　いるんだね。
それなら、これを　もって
おかえり。おなかが　すいたら、
『なべさん、なべさん。にて
おくれ。』
と　いえば、おかゆが
どんどん　出《で》て　くるからね。
とめる　ときは、
『なべさん、
なべさん。
とめとくれ。』
って、いえば　いい。
そう　すりゃあ、おかゆが
出《で》なく　なるからね。」
おばあさんは　そう　いうと、
おなべを　一《ひと》つ、女《おんな》の子《こ》に
わたしました。

（令和六年度版　光村図書　こくご　一下　ともだち　さいとう　ひろし）

1
(1) 女《おんな》の子《こ》は、たべものを
さがしに　どこに
いきましたか。

(2) むこうから　だれが
やって　きましたか。

2
女《おんな》の子《こ》が　さがして　いた
ものは　なんですか。一《ひと》つに
○を　つけましょう。

（　）おかゆ
（　）おなべ
（　）のいちご

3
おばあさんが　くれた
おなべから、出《で》て　くる
ものは　なんですか。

おはなし

おかゆの おなべ ②

名まえ

[1]、[2]の 文《ぶん》しょうを よみましょう。よめたら、しつもんに こたえましょう。

[1]

うちに かえると、女《おんな》の子《こ》は
おなべに むかって、
「なべさん、なべさん。にて
おくれ。」
と いいました。
すると、いきなり おなべが
ぐらぐら にえだし、中《なか》から、
うんじゃら うんじゃら、
おかゆが 出《で》て きました。

[2]

これには、おかあさんも
大《おお》よろこびです。ⓐふたりとも、
おなかが いっぱいに なると、
女《おんな》の子《こ》は おなべに むかって
いいました。
「なべさん、なべさん。とめとくれ。」
すると、おなべは ぴたりと
とまって、おかゆは 出《で》なく
なりました。
こんな ふうに して、女《おんな》の子《こ》と
おかあさんは、たべものに
こまる ことが なくなりました。
なにしろ、おなかが すいたら、
おなべに むかって、
「なべさん、なべさん。
にて おくれ。」
と、いいさえ すれば
いいのですから。

（令和六年度版 光村図書 こくご 一下 ともだち さいとう ひろし）

[1]

(1) おなべに むかって、はなし かけたのは だれですか。

(2) おなべが にえだし、中《なか》から 出《で》て きた ものは なんですか。

[2]

(1) ⓐふたりとは、だれと だれの ことですか。

（　　）と（　　）。

(2) つぎの ①、②の とき、おなべに なんと いいますか。□から えらんで、□に きごうを かきましょう。

① おなかが いっぱいに なった とき……

② おなかが すいた とき…

㋐「なべさん、なべさん。にて おくれ。」
㋑「なべさん、なべさん。とめとくれ。」

おはなし

わらしべちょうじゃ ①

名まえ

[1]、[2]の 文《ぶん》しょうを よみましょう。よめたら、しつもんに こたえましょう。

[1]

むかし むかし、
ある ところに、ひとりの
男《おとこ》が いました。
ある 日《ひ》、男《おとこ》は ゆめの 中《なか》で
こんな 声《こえ》を 聞《き》きました。
「さいしょに さわった ものを、
手《て》から はなさない ように
しなさい。きっと、
いい ことが ありますよ。」

[2]

男《おとこ》は 目《め》を さましました。
ふしぎな ゆめだったと
思《おも》いながら、外《そと》へ 出《で》て
歩《ある》きだした とたん、うっかり、
ころんで しまいました。
おき上《あ》がろうと した ときです。
男《おとこ》の 手《て》に、一本《いっぽん》の
わらしべが ふれました。
男《おとこ》は それを つかみました。

※わらしべ…わらの くず。

（令和六年度版 光村図書 こくご 一下 ともだち はちかい みみ）

[1] 男《おとこ》は ゆめの 中《なか》で、どんな 声《こえ》を 聞《き》きましたか。

「さいしょに
（　　　　）を、
手《て》から はなさない ように
しなさい。きっと、
（　　　　）が
ありますよ。」

[2] (1) 男《おとこ》は、どんな ゆめだったと 思《おも》いましたか。

（　　　　）ゆめ。

(2) おき上《あ》がろうと した とき、男《おとこ》の 手《て》に ふれた ものは なんですか。

おはなし

わらしべちょうじゃ ②

名まえ

[1]、[2]の 文《ぶん》しょうを よみましょう。よめたら、しつもんに こたえましょう。（ならって いない かん字《じ》は、ひらがなで かきましょう。）

[1]

わらしべを もった まま、
歩《ある》いて いくと、あぶが
とんで きました。
Ⓐぶうん、ぶうん。
いくら おいはらっても、
また とんで きます。
男《おとこ》は あぶを つかまえると、
わらしべに むすびつけました。
そして、Ⓘそれを もった まま、
歩《ある》きつづけました。

[2]

むこうの 方《ほう》から、男《おとこ》の子《こ》と
その 母親《ははおや》が やって 来《き》ます。
そばまで 来《く》ると、母親《ははおや》は、
男《おとこ》に むかって、
こう たのみました。
「子《こ》どもが、どうしても
あぶの ついた わらしべを
ほしいと 言《い》うのです。
すみませんが、この みかんと、
Ⓤこうかんして
くれませんか。」
「ええ、いいですよ。
どうぞ。」

（令和六年度版　光村図書　こくご　一下　ともだち　はちかい　みみ）

[1]

(1) 歩《ある》いて いくと、なにが とんで きましたか。

(2) Ⓐぶうん、ぶうん。とは、なんの おとですか。○を つけましょう。

（　）男《おとこ》が 歩《ある》く おと。

（　）あぶが とぶ おと。

(3) 男《おとこ》は、つかまえた あぶを なにに むすびつけましたか。

(4) Ⓘそれとは、なんですか。○を つけましょう。

（　）あぶを むすびつけた わらしべ

（　）あぶ

[2]

(1) むこうの 方《ほう》から、だれと だれが やって 来《き》ましたか。

（　　　）と その（　　　）。

(2) 母親《ははおや》は、みかんと なにを Ⓤこうかん してほしいと、男《おとこ》に たのみましたか。

男《おとこ》が もって いる、（　　　）の ついた（　　　）。

おはなし

わらしべちょうじゃ ③

名まえ

[1]～[3]の 文《ぶん》しょうを よみましょう。よめたら、しつもんに こたえましょう。

[1]

わらしべを わたすと、母親《ははおや》は、大《おお》きな みかんを 三《みっ》つ くれました。わらしべが みかんに なるなんて、

Ⓐおれは うんが いいなあ、と 思《おも》いながら、男《おとこ》は 先《さき》へ すすみました。

[2]

しばらく 行《い》くと、木《き》の ねもとに、女《おんな》の人《ひと》が すわりこんで いました。

㋐「どうしたのですか。だいじょうぶですか。」

㋑「ああ、のどが かわいて、Ⓘ少《すこ》しも 歩《ある》けないのです。水《みず》を おもちでは ないですか。」

「水《みず》は もって いませんけど、そうだ、ここに、みかんなら あります。どうぞ。」

[3]

女《おんな》の人《ひと》は、うなずくと、みかんを うけとりました。

そして、かわを むいて、口《くち》に 入《い》れました。

（令和六年度版 光村図書 こくご 一下 ともだち はちかい みみ）

[1] (1) 男《おとこ》は、母親《ははおや》に なにを わたしましたか。

(2) Ⓐおれは うんが いいなあ、と 男《おとこ》が 思《おも》ったのは なぜですか。〇を つけましょう。

（　）みかんが わらしべに なったから。

（　）わらしべが みかんに なったから。

[2] (1) だれが、木《き》の ねもとに すわりこんで いましたか。

(2) ㋐と ㋑の ことばの うち、女《おんな》の人《ひと》の ことばは どちらですか。きごうで こたえましょう。

(3) Ⓘ少《すこ》しも 歩《ある》けないのは、なぜですか。

のどが （　　） いたから。

[3] 女《おんな》の人《ひと》が うなずいて、うけとった ものは なんですか。

おはなし

かいがら①

名まえ

[1]、[2]の ぶんしょうを よみましょう。よめたら、しつもんに こたえましょう。

[1]

くまの こが、うさぎの
こに いいました。
「うみで かいがらを
ひろって きたよ。」
「きれいね。みんな、
ちがう いろ。」
「うさぎちゃん、
どれが すき。」
「これよ。これが
いちばん すき。」

[2]

うさぎの こは、
しまもようの かいがらを
さしました。
「ああ、ぼくと いっしょだ。」
くまの こも、
㋐おなじ ものが
いちばん すきでした。

（令和六年度版 東京書籍 新編 あたらしいこくご 一上 もりやま みやこ）

[1]

(1) かいがらを ひろって きたのは、だれですか。○を つけましょう。

（　）くまの こ

（　）うさぎの こ

(2) かいがらは どんな いろを して いますか。

みんな、（　　　　）いろ。

[2]

(1) しまもようの かいがらを さしたのは、だれですか。

(2) ㋐おなじ ものとは、なんですか。ぶんの なかから かきましょう。

しまもようの（　　　　　　）。

おはなし

かいがら ②

名まえ

1、2の ぶんしょうを よみましょう。
よめたら、しつもんに こたえましょう。

1

もし、うさぎの こが
ももいろの かいがらを
すきだと いったら、
くまの こは、おみやげに
あげる つもりでした。

2

ももいろの かいがらは、
二《に》ばんめに きに いって
いた ものなのです。
くまの こは、
どう しようかと
おもいました。

（令和六年度版　東京書籍　新編　あたらしいこくご　一上　もりやま　みやこ）

1

(1) くまの こは、だれに
おみやげを あげる
つもりでしたか。

（　　　　）

(2) くまの こが おみやげに
あげようと した ものは、
なんですか。

（　　　　）の かいがら。

(3) くまの こは、どんな
ときに おみやげを
あげる つもりでしたか。
○を つけましょう。

（　）うさぎの こが ももいろの かいがらを すきだと いった とき。

（　）うさぎの こが くまの こを すきだと いった とき。

2

ももいろの かいがらを
二《に》ばんめに きに いって
いたのは、だれですか。
○を つけましょう。

（　）くまの こ

（　）うさぎの こ

おはなし

かいがら ③

名まえ

[1]、[2]の ぶんしょうを よみましょう。
よめたら、しつもんに こたえましょう。

[1]

そして、かいがらを
そっと しまって、うちへ
かえりました。
その よる、くまの
こは、いっしょうけんめい
かんがえました。

[2]

つぎの ひ、くまの
こは、しまもようの
かいがらを もって、
うさぎの この ところへ
いきました。

[1]

(1) くまの こが そっと
しまった ものは、
なんでしたか。

(2) いっしょうけんめい
かんがえたのは、
だれですか。

[2]

(1) つぎの ひ、くまの こは、
なにを もって
でかけましたか。

（　　　　）の
かいがら。

(2) くまの こは、だれの
ところへ いきましたか。

（　　　　）の
ところ。

（令和六年度版 東京書籍 新編 あたらしいこくご 一上 もりやま みやこ）

おはなし

おとうとねずみ　チロ ①

名まえ

[1]、[2]の 文《ぶん》しょうを よみましょう。よめたら、しつもんに こたえましょう。

[1]

ある 日《ひ》、三《さん》びきの ねずみの きょうだいの ところへ、おばあちゃんから 手《て》がみが とどきました。

それには、こんな ことが かいて ありました。

[2]

あたらしい けいとで、おまえたちの チョッキを あんで います。けいとの いろは、赤《あか》と 青《あお》です。もう すぐ あみあがります。たのしみに まって いて ください。

（令和六年度版　東京書籍　新編　あたらしいこくご　一下　もりやま　みやこ）

[1]

(1) 三《さん》びきの ねずみの きょうだいの ところへ なにが とどきましたか。

(2) だれから とどきましたか。

[2]

(1) おばあちゃんが けいとで あんで いる ものは、なんですか。

おまえたちの（　　　　）。

(2) けいとの いろは、なにいろですか。

（　　　）と（　　　）。

おはなし

おとうとねずみ　チロ　②

名まえ

[1]、[2]の　文《ぶん》しょうを　よみましょう。よめたら、しつもんに　こたえましょう。

[1]

おばあちゃんから　手《て》がみが　とどきました。手《て》がみには「あたらしい　けいとで　おまえたちの　チョッキを　あんで　います。いろは　赤《あか》と　青《あお》です。」と　かいて　ありました。

さあ、三《さん》びきは　大《おお》よろこび。

㋐「ぼくは　赤《あか》が　いいな。」

にいさんねずみが　いいました。

㋑「わたしは　青《あお》が　すき。」

ねえさんねずみが　いいました。

㋒「ぼくは　赤《あか》と　青《あお》。」

おとうとねずみが　いいました。

[2]

「チロのは　ないよ。」

にいさんねずみが　いいました。チロと　いうのは、おとうとねずみの　名《な》まえです。

「そうよ。青《あお》いのと　赤《あか》いのだけよ。」

ねえさんねずみが　いいました。

「そんな　こと　ないよ。ぼくのも　あるよ。」

チロは、あわてて　いいかえしましたが、ほんとうは、㋓とても　しんぱいでした。

（令和六年度版　東京書籍　新編　あたらしいこくご　一下　もりやま　みやこ）

[1]　㋐、㋑、㋒は、だれが　いった　ことばですか。

㋐（　　　　）ねずみ

㋑（　　　　）ねずみ

㋒（　　　　）ねずみ

[2]　(1)　おとうとねずみの　名《な》まえは、なんと　いいますか。

（　　　　）

(2)　チロは、どんな　ことが　㋓とても　しんぱいでしたか。一《ひと》つに　○を　つけましょう。

（　）ぼくの　チョッキは　ないかもしれない　こと。

（　）赤《あか》い　チョッキは　ないかもしれない　こと。

（　）青《あお》い　チョッキは　ないかもしれない　こと。

おはなし

おとうとねずみ　チロ ③

名まえ

[1]、[2]の 文《ぶん》しょうを よみましょう。よめたら、しつもんに こたえましょう。

[1]

［おとうとねずみの チロは、とても しんぱいでした。］

もしかすると、おばあちゃんは、いちばん 小《ちい》さい チロの ことを わすれて しまったのかも しれません。

「そうだったら、どう しよう。」

[2]

にいさんねずみや ねえさんねずみと ちがって、チロは、まだ 字《じ》が かけません。だから、手《て》がみで おばあちゃんに たのむ ことも できないのです。

「そうだ、いい こと かんがえた。」

チロは、そとへ とび出《だ》して いきました。

（令和六年度版 東京書籍 新編 あたらしいこくご 一下 もりやま みやこ）

[1] だれが だれの ことを わすれて しまったのかも しれないと おもって いますか。

● だれが

（　　　　）が

● だれの ことを

いちばん 小《ちい》さい（　　　　）の ことを

[2] (1) チロが 手《て》がみで おばあちゃんに たのむ ことが できないのは、なぜですか。○を つけましょう。

（　）チロは、いちばん 小《ちい》さいから。

（　）チロは、まだ 字《じ》が かけないから。

(2) だれが そとへ とび出《だ》して いきましたか。

おはなし

花《はな》さかじいさん ①

名まえ

1、2の 文《ぶん》しょうを よみましょう。
よめたら、しつもんに こたえましょう。

1

むかしむかし、ある ところに、はたらきものの じいさまと ばあさまが、ⓐふたりっきりで くらして おった。

2

ある 日《ひ》の こと、ばあさまが 川《かわ》で せんたくを して いると、くろぬりの りっぱな はこが、ぷかりぷかりと ながれて きた。

「おや まあ、ふしぎな ことが ある もんじゃ。」

ばあさまが はこを ひろい上《あ》げて みると、なんと、まっ白《しろ》な 子犬《こいぬ》が 一《いっ》ぴき、入《はい》って おった。

（令和六年度版 東京書籍 新編 あたらしいこくご 一下 いしざき ひろし）

1 ⓐふたりっきりとは、だれと だれの ことですか。

（　　　）と（　　　）。

2 (1) ある日《ひ》、ばあさまは 川《かわ》で なにを して いましたか。

（　　　）

(2) ぷかりぷかりと ながれて きた ものは、どんな もの ですか。

（　　　）ぬりの（　　　）な（　　　）。

(3) ばあさまが はこを ひろい上《あ》げて みると、中《なか》には なにが 入《はい》って いましたか。

（　　　）が（　　　）ぴき。

おはなし

花《はな》さかじいさん ②

名まえ

[1]、[2]の 文《ぶん》しょうを よみましょう。よめたら、しつもんに こたえましょう。

[1]

ある 日《ひ》の こと、
じいさまが 山《やま》へ しばかりに
いこうと すると、
「㋐おらの せなかに、
のっとくれ。」
口《くち》を きいた シロに、
じいさまは びっくりぎょうてん。
「なにを いう。かわいい
おまえに のれるもんか。」
「いいから、いいから、いいから。」
シロは、むりに じいさまを
のせると、ずんがずんが 山《やま》を
のぼって いった。

[2]

しばらく あるくと、シロは
きゅうに 立《た》ちどまった。
「ここだ、ここだ。ここ ほれ、
わんわん。」
じいさまが、
いわれた とおり、
ほって みると、
「なんと まあ、おどろいた。」
土《つち》の 中《なか》で、大《おお》ばん
小《こ》ばんが、きんきん
きらきら、かがやいて おる。

※しばかり…山《やま》や のはらに はえて いる 小《ちい》さな えだを きって とる こと。

（令和六年度版 東京書籍 新編 あたらしいこくご 一下 いしざき ひろし）

[1]

(1) じいさまは 山《やま》へ なにを しに いこうと しましたか。

(2) ㋐おらの せなかに ついて こたえましょう。

① 「おら」とは、だれの ことですか。

② せなかに のったのは、だれですか。

(3) シロは、ずんがずんが どこを のぼって いきましたか。

[2]

土《つち》の 中《なか》で、きんきん きらきら、かがやいて いたものは なんですか。

おはなし

花《はな》さかじいさん ③

名まえ

①、② の 文《ぶん》しょうを よみましょう。よめたら、しつもんに こたえましょう。

①

つぎの 日《ひ》。
「そろそろ、うすを かえして もらえんかのう。」
はたらきものの じいさまと ばあさまが たずねると、なまけものの じいさまが いった。
「ふん、あんな きたない ものを 出《だ》す うすは、もやして しまったわい。」

②

ⓐふたりは、かまどの はいを すくって、おいおい ないた。

「おじいさん、この はい、もって かえりましょう。」

「そうだな。うちの はたけに まいて やろう。」

※かまど…下《した》で 火《ひ》を たき、上《うえ》に なべを のせて、りょうりを する ところ。
※はい…ものが もえた あとに のこる、こなの ような もの。

（令和六年度版 東京書籍 新編 あたらしいこくご 一下 いしざき ひろし）

①

(1) はたらきものの じいさまと ばあさまは、なまけものの じいさまに なにを たずねましたか。

（　）うすを かえして もらえないか。

（　）うすを うまく つかえたか。

(2) なまけものの じいさまは、なにを もやして しまったと いいましたか。

②

(1) ⓐふたりとは だれですか。〇を つけましょう。

（　）はたらきものの じいさまと、なまけものの じいさま
（　）はたらきものの じいさまと ばあさま

(2) ふたりは、はいを もって かえって、うちの どこに まいて やろうと おもいましたか。

うちの（　　）。

おはなし
花《はな》さかじいさん ④

名まえ

□1、□2の 文《ぶん》しょうを よみましょう。よめたら、しつもんに こたえましょう。

□1
じいさまと ばあさまが、はいを あつめて、もって かえろうと した とき、ぴゅうっと かぜが ふいて、はいが まい上《あ》がった。

□2
すると、かれ木《き》に、つぎつぎと 花《はな》が さいて いった。

じいさまと ばあさまは びっくりぎょうてん。

「そうれ、花《はな》 さけ、さけ、もっと さけ。」

じいさまが、はいを どんどん まくと、花《はな》も どんどん さいて いく。

あっというまに、あたり 一《いち》めん、花《はな》ざかり。

□1
(1) じいさまと ばあさまは、なにを あつめて、もって かえろうと しましたか。

(2) はいが まい上《あ》がったのは、なぜですか。
（　　　）が ふいたから。

□2
(1) 花《はな》は、つぎつぎと どこに さいて いきましたか。

(2) じいさまが、はいを どんどん まくと、花《はな》も どんどん さいて いき、あっというまに、どう なりましたか。
あたり 一《いち》めん、（　　　）。

（令和六年度版 東京書籍 新編 あたらしいこくご 一下 いしざき ひろし）

おはなし

サラダで　げんき ①

名まえ

①～③の　文《ぶん》しょうを　よみましょう。よめたら、しつもんに　こたえましょう。

①

りっちゃんは、おかあさんが　びょうきなので、なにか　いい　ことを　して　あげたいと　おもいました。

②

「かたを　たたいて　あげようかな。なぞなぞごっこを　して　あげようかな。くすぐって、わらわせて　あげようかな。でも、もっと　もっと　いい　ことは　ないかしら。おかあさんが、たちまち　げんきに　なって　しまう　ような　こと。」

りっちゃんは、いっしょう　けんめい　かんがえました。

③

「あっ、そうだわ。おいしい　サラダを　つくって　あげよう。げんきに　なる　サラダを　つくって　あげよう。」

（令和六年度版　東京書籍　新編　あたらしいこくご　一下　かどの　えいこ）

①

(1)　だれが　びょうきなのですか。

（　　　　）

(2)　なにか　いい　ことを　して　あげたいと　おもったのは、だれですか。

（　　　　）

②　りっちゃんが、いっしょう　けんめい　かんがえたのは　どんな　ことですか。

（　　　　）が、たちまち（　　　　）に　なって　しまうような　こと。

③　りっちゃんが　おもいついた　ことは　なんですか。一《ひと》つに　○を　つけましょう。

（　）かたを　たたいて　あげよう。

（　）おいしい、げんきに　なる　サラダを　つくって　あげよう。

（　）なぞなぞごっこを　して　あげよう。

おはなし

サラダで げんき ②

名まえ

[1]、[2]の 文《ぶん》しょうを よみましょう。よめたら、しつもんに こたえましょう。

[1]

まどに すずめが とんで きて いいました。

「チュッ、チュッ、チュッ。とうもろこし 入《い》れなきゃ、げんきに なれない。うたも じょうずに なれない。チュッ、チュッ、チュッ。チュピ、チュピ、チュ。」

「㋐まあ、ありがとう。チュピ、チュピ、チュ。」

りっちゃんは、サラダに ゆでた とうもろこしを 入《い》れました。

[2]

すると、こそこそと、小《ちい》さな おとが しました。

「あら、だれかしら。」

「ぼく、ぼくですよ。」

ありが ずらりと ならんで いいました。

「サラダには おさとうを ちょっぴり。㋑これが こつ。おかげで、ありは いつも はたらきものさ。」

（令和六年度版 東京書籍 新編 あたらしいこくご 一下 かどの えいこ）

[1]

(1) すずめは なにを 入《い》れなきゃ げんきに なれないと いいましたか。

(2) ㋐まあ、ありがとうとは、だれの ことばですか。

[2]

(1) こそこそと、小《ちい》さな おとを たてたのは だれでしたか。

(2) ㋑これとは、なんの ことですか。一《ひと》つに ○を つけましょう。

（　）サラダには おさとうを ちょっぴり。

（　）おかげで、ありは いつも はたらきもの。

（　）ありが ずらりと ならんで いる。

おはなし

サラダで げんき ③

名まえ

[1]、[2]の 文《ぶん》しょうを よみましょう。よめたら、しつもんに こたえましょう。

[1]

「サラダには うみの こんぶ
入《い》れろ、かぜ ひかぬ、
いつも げんき。
ほっきょくかい
白《しろ》くまより。」
りっちゃんは、
こえを 出《だ》して
㋐でんぽうを よむと、
こんぶを きって、
サラダに
入《い》れました。

[2]

「さあ、㋑これで できあがり。」
「おかあさん、サラダが
できましたよ。いっしょに
いただきましょう。」
りっちゃんは、大《おお》きな こえで
いいました。

（令和六年度版 東京書籍 新編 あたらしいこくご 一下 かどの えいこ）

[1]

(1) サラダには、なにを 入《い》れろと でんぽうに かいて ありましたか。

（　　　　）の こんぶ。

(2) ㋐でんぽうは、どこの だれから とどきましたか。

● どこの （　　　　）の

● だれから （　　　　）より

(3) ㋐でんぽうを よんだのは、だれですか。

[2]

(1) ㋑これとは、どんな ことですか。○を つけましょう。

（　）こえを 出《だ》して でんぽうを よんだこと。

（　）こんぶを きって、サラダに 入れたこと。

(2) りっちゃんは、なにが できたと いいましたか。

おはなし

サラダで げんき④

名まえ

1、2の 文《ぶん》しょうを よみましょう。よめたら、しつもんに こたえましょう。

1

（とつぜん、ひこうきが とんで きて とまると、アフリカぞうが おりて きました。）

アフリカぞうは、サラダに あぶらと しおと すを かけると、スプーンを はなで にぎって、力《ちから》づよく くりん くりんと まぜました。

2

「おかあさん、さあ、いっしょに サラダを いただきましょ。」

と、りっちゃんは いいました。

りっちゃんの おかあさんは、サラダを たべて、たちまち げんきに なりました。

（令和六年度版 東京書籍 新編 あたらしいこくご 一下 かどの えいこ）

1

(1) サラダに かけた ものを 三《みっ》つ かきましょう。

(2) だれが サラダを 力《ちから》づよく まぜましたか。

(3) アフリカぞうは、スプーンを なにで にぎって まぜましたか。

2

(1) りっちゃんは、おかあさんに なんと いいましたか。

「いっしょに（　　　）を いただきましょ。」

(2) おかあさんは、サラダを たべて、どう なりましたか。

たちまち（　　　）に なりました。

おはなし（一《いち》ねんせいの　ほんだな）

はじめて　よんだ　ほん

名まえ

[1]～[3]の　文《ぶん》しょうを　よみましょう。よめたら、しつもんに　こたえましょう。

[1]

一《いち》ねんせいに　なった　とき、わたしは　一《いち》ねんせいに　なったのだから、じぶんで　ほんを　よんで　みようと　おもいました。

[2]

ある　とっても　いい　おてんきの　ひ、ろうかに　たって、きをつけを　して、ぴんと　まえに　のばした　てに　ほんを　もって、よみはじめました。それは　ももたろうさんの　おはなしでした。

[3]

はじめに、㋐わたしは　大《おお》きな　こえで　こう　いいました。

「一《いち》ねん　二《に》くみ　かどの　えいこ　『ももたろうさん』を　よみます。」

だれも　きいて　いないのです。きいて　いたのは　にわの　まつの　木《き》と、つつじの　はなぐらいでした。

（令和六年度版　東京書籍　新編　あたらしいこくご　一下　かどの　えいこ）

[1]　わたしは　一《いち》ねんせいに　なった　とき、なにを　して　みようと　おもいましたか。

じぶんで（　　　）を（　　　）みようと　おもいました。

[2]　じぶんで　ほんを　よんで　みたのは、どんな　おてんきの　ひ　でしたか。

とっても（　　　）の　ひ。

[3]

(1)　㋐わたしとは、だれですか。○を　つけましょう。

（　）ももたろう

（　）かどの　えいこ

(2)　よみはじめた　おはなしの　だいめいを　かきましょう。

(3)　わたしが　大《おお》きな　こえで　いった　ことを　いえの　人《ひと》は　だれか　きいて　いましたか。○を　つけましょう。

（　）だれか　きいて　いた。

（　）だれも　きいて　いない。

うた《うた》に　あわせて　あいうえお

名まえ

1～5の　うたを　よみましょう。
よめたら、しつもんに　こたえましょう。

うたに　あわせて　あいうえお

1

あかるい　あさひだ
あいうえお

2

いい　こと　いろいろ
あいうえお

3

うたごえ　うきうき
あいうえお

4

えがおで　えんそく
あいうえお

5

おいしい　おむすび
あいうえお

1　どんな　あさひですか。

□かるい　あさひ

2　どんな　ことが　いろいろ　あるのですか。

□□こと

3　なにが　うきうき　して　いますか。

□たごえ

4　どんな　かおで　えんそくに　いきますか。

□がお

5　おいしい　たべものは　なんですか。

□むすび

（令和六年度版　光村図書　こくご　一上　かざぐるま「うたに　あわせて　あいうえお」による）

し

あさの　おひさま

名まえ

つぎの　しを　よみましょう。
よめたら、しつもんに　こたえましょう。

あさの　おひさま
あさの　おひさま
おおきいな

のっこり　うみから
おきだした

あさの　おひさま
あかい　かお
ざぶんと　うみで
あらったよ

（令和六年度版　光村図書　こくご　一上　かざぐるま　かんざわ　としこ）

(1) おひさまに　ついて、ただしい　ものに　ひとつ　○を　つけましょう。

（　）あさの　おひさま
（　）ひるの　おひさま
（　）よるの　おひさま

(2) おひさまは　どこから　おきだしましたか。

［　　］から

(3) おひさまは　どんな　かおを　していますか。

［　　　］かお

(4) おひさまは、どこで　かおを　あらいましたか。

［　　］で　あらったよ

し

いちねんせいの　うた

名まえ

つぎの　しを　よみましょう。
よめたら、しつもんに　こたえましょう。

いちねんせいの　うた

あおい　そらの　こくばんに
なに　かこう

うでを　のばし
ちからを　こめて

まっすぐ
いちねんせいの　一《いち》

ぼくも　かく
わたしも　かく
いちねんせいの　一《いち》
いちばん　はじめの　一《いち》

おひさま　みてる
かぜが　ふく

（令和六年度版　光村図書　こくご　一上　かざぐるま　なかがわ　りえこ）

(1)　あおい　そらを　なんだと　いって　いますか。

(2)　どのように　かきますか。

（　　）を　のばし
（　　）を　こめて
（　　）
いちねんせいの　一《いち》

(3)　どんな　もじを　かきますか。○を　つけましょう。

（　）一《いち》
（　）い

ことばを　たのしもう

ぞうさんの　ぼうし

名まえ

つぎの　しを　よみましょう。
よめたら、しつもんに　こたえましょう。

ぞうさんの　ぼうし

ざじずぜぞうさん
ざくろの　えだに
がぎぐげごつんと
ぶつかって
だぢづでどしんと
でんぐりがえり
ばびぶべぼうし
ぱぴぷぺぽんと
ふっとんだ

（令和六年度版　光村図書　こくご　一下　ともだち　なかがわ　りえこ）

(1)　ぼうしは、だれの　ものですか。

(2)　ぞうさんは、なににがぎぐげごっんと　ぶつかりましたか。

（　　）の（　　）。

(3)　ぞうさんは、だぢづでどしんと　なにを　しましたか。

(4)　ぱぴぷぺぽんと　ふっとんだ　ものは、なんですか。

し

あひるの　あくび

名まえ

つぎの　しを　よみましょう。
よめたら、しつもんに　こたえましょう。

あひるの　あくび

まき　さちお

あひるの　あくびは　あいうえお
かえるが　かけっこ　かきくけこ
さるくん　さかだち　さしすせそ
たぬきが　たこあげ　たちつてと
なまずが　なかよく　なにぬねの
はちさん　はらっぱ　はひふへほ
まりちゃん　まりつき　まみむめも
やぎさん　やまみち　やいゆえよ
らくだで　らくらく　らりるれろ
わにさん　わなげだ　わいうえを
ん

（令和六年度版　東京書籍　新編　あたらしいこくご　一上　まき　さちお）

(1) かえるは、なにを　して　いますか。

(2) さるくんは、なにを　して　いますか。

(3) たこあげを　して　いるのは、だれですか。

(4) はちさんは、どこに　いますか。

(5) まりちゃんは、なにを　して　いますか。

(6) わなげを　して　いるのは　だれですか。

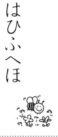

し

あるけ　あるけ

名まえ

つぎの　しを　よみましょう。

1

あるけ　あるけ

つるみ　まさお

どこどん　どこどん
あるけ　あるけ
ちきゅうの　たいこ
みんなの　あしで
たたいて　あるけ
そら
どこどん　どこどん
あるけ

2

どこどん　どこどん
あるけ　あるけ
ちきゅうの　うらで
だれかの　あしも
たたいて　いるよ
ほら
どこどん　どこどん
あるけ

（令和六年度版　東京書籍　新編　あたらしいこくご　一上　つるみ　まさお）

1の　ところを　よんで　こたえましょう。

(1) この　しの　だいめいを　かきましょう。

(2) どんな　おとを　たてて　あるけと　かいて　ありますか。

(3) なんの　たいこを　たたいて　あるくのですか。

（　　　　）の　たいこ。

(4) たいこは、なにで　たたきますか。

みんなの（　　　　）。

2の　ところを　よんで　こたえましょう。

だれかの　あしは、どこで　たたいて　いますか。

ちきゅうの（　　　　）。

ことばあそびうた

たべもの ①

名まえ

つぎの　ことばあそびうたを　よみましょう。よめたら、しつもんに　こたえましょう。（「たべもの」という　うたの　はじめの　はんぶんです。）

たべもの

なかえ　としお

もこもこ　さといも
ほこほこ　さつまいも
はりはり　だいこん
ぱりぱり　たくあん
ぽりぽり　きゅうり
かりかり　らっきょう
つるつる　うどん
くるんくるん　こんにゃく

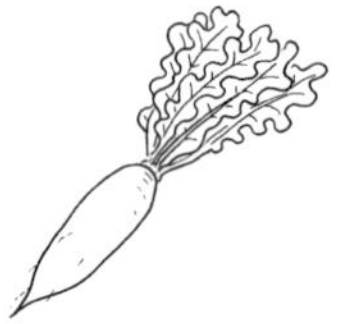
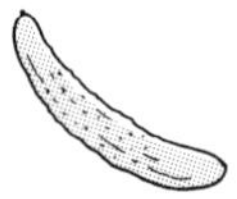

(1) もこもこ　して　いる　たべものは、なんですか。

(2) ほこほこ　して　いる　たべものは、なんですか。

(3) たくあんを　たべると、どんな　おとが　しますか。

(4) らっきょうを　たべると、どんな　おとが　しますか。

(5) つるつる　して　いる　たべものは、なんですか。

（令和六年度版　東京書籍　新編　あたらしいこくご　一上　なかえ　としお）

ことばあそびうた

たべもの ②

名まえ

つぎの ことばあそびうたを よみましょう。よめたら、しつもんに こたえましょう。
（「たべもの」という うたの うしろの はんぶんです。）

定価2,750円
(本体2,500円+税10%)
補充注文カード
貴店名
年 月 日
部数 部
発行所 喜楽研
(わかる喜び学ぶ楽しさを創造する教育研究所略称)
企画・編著 原田 善造
書名 喜楽研の支援教育シリーズ
ゆっくりていねいに学びたい子のための
読解ワークぷらす1年
9784862774217
ISBN978-4-86277-421-7
C3037 ¥2500E
定価2,750円
(本体2,500円+税10%)

しゃきしゃき　はくさい
こりこり　こうめ
ぷりんぷりんの　とまと
がすがす　なし
ひりひり　しょうが
ぴんぴんした　たい
あつあつの　ふろふきだいこん
ほかほかの　ごはん

ぷよぷよ　して　いる　ものは、なんですか。

しゃきしゃき　して　いる　たべものは、なんですか。

(3) しょうがを　たべると、どう　なりますか。

(4) ぴんぴん　して　いる　たべものは、なんですか。

(5) ほかほかの　たべものは、なんですか。

（令和六年度版　東京書籍　新編　あたらしいこくご　一上　なかえ　としお）

し

みみずの　たいそう

名まえ

つぎの　しを　よみましょう。

1

みみずの　たいそう

かんざわ　としこ

つちの　なかから　とびだして
みみずの　たいそう
ぴん　ぴこ　ぴん
もつれて　のびて
もつれて　のびて
そら　げんきよく
ぴん　ぴこ　ぴん

2

あさの　くうきを
いっぱい　すって
みみずの　たいそう
ぴん　ぴこ　ぴん
はりきり　はじけて
はねすぎて
ちきゅうの　そとへ
ぴん　ぴこ
ぴいん

（令和六年度版　東京書籍　新編　あたらしいこくご　一下　かんざわ　としこ）

1の　ところを　よんで　こたえましょう。

(1) つちの　なかから　とびだして　だれが　なにを　して　いますか。

（　　　）が　（　　　）を　して　いる。

(2) みみずが　げんきよく　うごく　ようすを　どんな　ことばで　あらわして　いますか。

ぴん　□　□

2の　ところを　よんで　こたえましょう。

(1) なにを　いっぱい　すって　いますか。

あさの（　　　）。

(2) はねすぎて、みみずは　どこへ　いくと　かいて　ありますか。

ちきゅうの（　　　）へ。

(3) はねすぎた　ようすを　どんな　ことばで　あらわして　いますか。

ぴん　□　□

せつめいぶん
つぼみ ①

名まえ

つぎの　ぶんしょうを　よみましょう。
よめたら、しつもんに　こたえましょう。

さきが　ねじれた
つぼみです。
（あ）これは、
なんの　つぼみでしょう。

これは、あさがおの
つぼみです。
ねじれた　ところが
ほどけて、
だんだんと　ひろがって
いきます。
そして、
まるい　はなが
さきます。

(1) どんな　つぼみですか。

（　　）が（　　）つぼみ。

(2) （あ）これは、なんの　つぼみですか。

（　　）の　つぼみ。

(3) ねじれた　ところが　ほどけて、だんだんと　どう　なって　いきますか。○を　つけましょう。

（　）ひろがって　いきます。

（　）ねじれて　いきます。

(4) どんな　かたちの　はなが　さきますか。

（　　）はな。

（令和六年度版　光村図書　こくご　一上　かざぐるま　かわきた　あつし）

せつめいぶん

つぼみ ②

名まえ

つぎの ぶんしょうを よみましょう。
よめたら、しつもんに こたえましょう。

おおきく ふくらんだ
つぼみです。
㋐これは、
なんの つぼみでしょう。

これは、はすの
つぼみです。

いちまい いちまいの
はなびらが、
はなれて いきます。
そして、㋑さまざまな
ほうこうに ひろがって、
はなが さきます。

（令和六年度版 光村図書 こくご 一上 かざぐるま かわきた あつし）

(1) どんな つぼみですか。

おおきく （　　　　） つぼみ。

(2) ㋐これは、なんの つぼみですか。

（　　　　）の つぼみ。

(3) いちまい いちまい、はなれて いくのは なんですか。

[　　　　]

(4) ㋑さまざまな ほうこうに ひろがって、はなが さきます とは、どう いう ことですか。○を つけましょう。

（　）はなびらが みんな おなじ むきに ひろがって、はなが さきます。

（　）はなびらが じゆうに いろいろな むきに ひろがって、はなが さきます。

せつめいぶん

うみの　かくれんぼ ①

名まえ

つぎの　ぶんしょうを　よみましょう。
よめたら、しつもんに　こたえましょう。

はまぐりが、すなの
なかに　かくれて　います。
はまぐりは、大《おお》きくて
つよい　あしを
もって　います。
すなの　なかに
あしを　のばして、
すばやく　もぐって
かくれます。

（令和六年度版　光村図書　こくご　一上　かざぐるま「うみの　かくれんぼ」による）

(1) なんの　いきものが、
かくれて　いますか。

(2) はまぐりは、どこに
かくれて　いますか。

（　　　）の　なか。

(3) はまぐりは、どんな
あしを　もって　いますか。

大《おお》きくて
（　　　）　あし。

(4) もぐって　かくれる　とき、
すなの　なかに　なにを
のばしますか。

せつめいぶん

うみの　かくれんぼ ②

名まえ

つぎの　ぶんしょうを　よみましょう。よめたら、しつもんに　こたえましょう。

かにの　なかまの
もくずしょいが、いわの
ちかくに　かくれて
います。
　もくずしょいは、
はさみで、かいそうなどを
小《ちい》さく　きる　ことが
できます。かいそうなどを
からだに　つけて、
かいそうに
へんしんするのです。

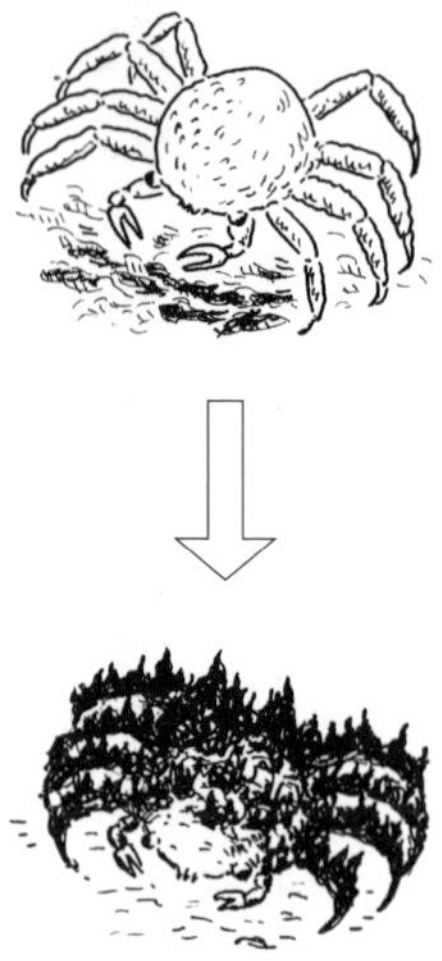

（令和六年度版　光村図書　こくご　一上　かざぐるま「うみの　かくれんぼ」による）

(1) もくずしょいは、なんの　なかまの　いきものですか。

(2) もくずしょいは、どんな　ところに　かくれて　いますか。

＿＿の　ちかく

(3) もくずしょいは、なにを　つかって、かいそうなどを　きりますか。

(4) かいそうなどを　からだに　つけるのは、なんの　ためですか。ひとつに　○を　つけましょう。

（　）かいそうを　たべる　ため。
（　）かいそうに　へんしんする　ため。
（　）かいそうを　小《ちい》さく　きる　ため。

せつめい文《ぶん》

じどう車《しゃ》くらべ ①

名まえ

つぎの　文《ぶん》しょうを　よみましょう。よめたら、しつもんに　こたえましょう。

トラックは、にもつを　はこぶ　しごとを　して　います。そのために、うんてんせきの　ほかは、ひろい　にだいに　なって　います。おもい　にもつを　のせる　トラックには、タイヤが　たくさん　ついて　います。

（令和六年度版　光村図書　こくご　一下　ともだち「じどう車くらべ」による）

(1) なんの　じどう車《しゃ》に　ついて　かいて　ありますか。

(2) トラックは、どんな　しごとを　して　いますか。

（　　　）を（　　　）しごと。

(3) うんてんせきの　ほかは、どう　なって　いますか。

（　　　）にだいに　なって　います。

(4) おもい　にもつを　のせる　トラックには、なにが　たくさん　ついて　いますか。

せつめい文《ぶん》

じどう車《しゃ》くらべ ②

名まえ

つぎの　文《ぶん》しょうを　よみましょう。よめたら、しつもんに　こたえましょう。

クレーン車《しゃ》は、おもい　ものを　つり上《あ》げる　しごとを　して　います。

その　ために、じょうぶな　うでが、のびたり　うごいたり　するように、つくって　あります。車《しゃ》たいが　かたむかないように、しっかりした　あしが、ついて　います。

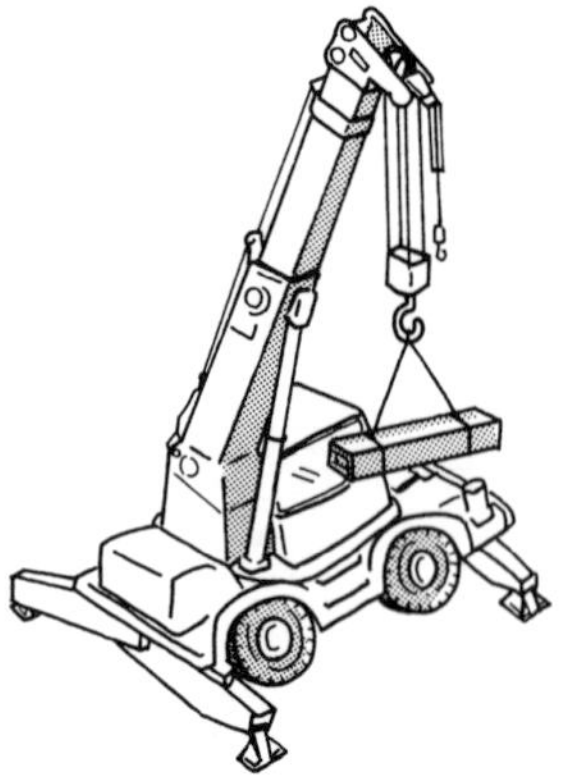

（令和六年度版　光村図書　こくご　一下　ともだち「じどう車くらべ」による）

(1) なんの　じどう車《しゃ》に　ついて　かいて　ありますか。

(2) クレーン車《しゃ》は、どんな　しごとを　して　いますか。

おもい　ものを（　　　）しごと。

(3) なにが　のびたり　うごいたり　しますか。

じょうぶな（　　　）。

(4) 車《しゃ》たいが　かたむかない　ように、しっかりした　なにが　ついて　いますか。

せつめいぶん

さとうと しお

名まえ

[1]、[2]の ぶんしょうを よみましょう。よめたら、しつもんに こたえましょう。

[1]

さわって みると どうでしょう。

さとうは、すこし べたべたして います。

しおは、さらさらして います。

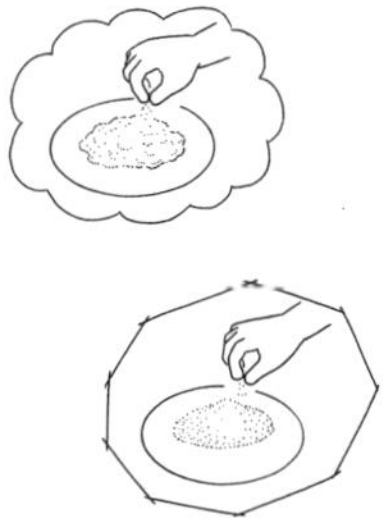

[2]

どんな あじが するでしょう。

さとうは、あまい あじが します。

しおは、しおからい あじが します。

（令和六年度版 東京書籍 新編 あたらしいこくご 一上「さとうと しお」による）

[1]

(1) さとうを さわって みると、どう でしたか。

すこし □□□□ して います。

(2) しおを さわって みると、どう でしたか。

□□□□ して います。

[2]

(1) さとうと しおの なにを くらべて いますか。

□

(2) さとうは、どんな あじが しますか。

□□□ あじ

(3) しおは、どんな あじが しますか。

□□□□□ あじ

せつめいぶん

どう やって みを まもるのかな ①

名まえ

[1]、[2]の ぶんしょうを よみましょう。よめたら、しつもんに こたえましょう。

[1]

これは、やまあらしです。

やまあらしの せなかには、ながくて かたい とげが あります。とげが どのように して みを まもるのでしょう。

[2]

やまあらしは、とげを たてて、みを まもります。

てきが きたら、うしろむきに なって、とげを たてます。

[1]

(1) なんと いう どうぶつの ことが かいて ありますか。

（　　　　）

(2) ながくて かたい とげは、やまあらしの どこに ありますか。

（　　　　）

[2] やまあらしは、どのように して みを まもりますか。[　]から ことばを えらんで、（　）に かきましょう。

（　　　）が きたら、（　　　）に なって、（　　　）を たてて、みを まもります。

[うしろむき　とげ　てき]

（令和六年度版 東京書籍 新編 あたらしいこくご 一上「どう やって みを まもるのかな」による）

せつめいぶん

どう やって みを まもるのかな ②

名まえ

1、2の ぶんしょうを よみましょう。よめたら、しつもんに こたえましょう。

1

これは、あるまじろです。あるまじろの からだの そとがわは、かたい こうらに なって います。どのように して みを まもるのでしょう。

2

あるまじろは、からだを まるめて、みを まもります。てきが きたら、こうらだけを みせて、じっと して います。

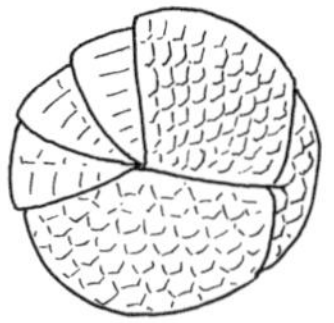

（令和六年度版 東京書籍 新編 あたらしいこくご 一上「どう やって みを まもるのかな」による）

1

(1) なんと いう どうぶつの ことが かいて ありますか。

(2) あるまじろの からだの そとがわは、どう なって いますか。

かたい （　　）に なって います。

2

(1) あるまじろは、みを まもる とき、からだを どう しますか。○を つけましょう。

（　）まるめる。

（　）まっすぐ のばす。

(2) てきが きたら、あるまじろは どう しますか。

（　　）だけを みせて、（　　）して います。

せつめい文《ぶん》

いろいろな ふね ①

名まえ

[1]、[2]の 文《ぶん》しょうを よみましょう。よめたら、しつもんに こたえましょう。

[1]

フェリーボートは、たくさんの 人《ひと》と じどう車《しゃ》を いっしょに はこぶ ための ふねです。

[2]

この ふねの 中《なか》には、きゃくしつや 車《くるま》を とめて おく ところが あります。人《ひと》は、車《くるま》を ふねに 入《い》れてから、きゃくしつで 休《やす》みます。

（令和六年度版 東京書籍 新編 あたらしいこくご 一下「いろいろな ふね」による）

[1]

(1) なんと いう ふねに ついて かいて ありますか。

(2) フェリーボートは、なにを はこぶ ための ふねですか。

□と□

[2]

(1) この ふねの 中《なか》に ある ものを 二《ふた》つ かきましょう。

●（　　　）ところ。
●（　　　）。

(2) この ふねの 中《なか》では、人《ひと》は どこで 休《やす》みますか。○を つけましょう。

（　）車《くるま》の 中《なか》
（　）きゃくしつ

せつめい文《ぶん》

いろいろな　ふね　②

名まえ

つぎの　文《ぶん》しょうを　よみましょう。よめたら、しつもんに　こたえましょう。

ぎょせんは、さかなを
とる　ための　ふねです。
この　ふねは、さかなの
むれを　見《み》つける
きかいや、あみを
つんで　います。
見《み》つけた　さかなを
あみで　とります。

（令和六年度版　東京書籍　新編　あたらしいこくご　一下　「いろいろな　ふね」による）

(1) なんと　いう　ふねに　ついて　かいて　ありますか。

(2) ぎょせんは、なにを　とる　ための　ふねですか。

(3) この　ふねに　二《ふた》つ　つんで　いる　ものを　かきましょう。

● さかなの（　　　）を　見《み》つける（　　　）。

● （　　　）。

(4) 見《み》つけた　さかなは、なにで　とりますか。

せつめい文《ぶん》

子《こ》どもを　まもる　どうぶつたち　①

名まえ

[1]、[2]の　文《ぶん》しょうを　よみましょう。よめたら、しつもんに　こたえましょう。

[1]

どうぶつたちの　まわりには　さまざまな　てきが　いて、きけんが　いっぱいです。どうぶつたちは、どのような　ちえを　つかい、てきから　子《こ》どもを　まもるの　でしょう。

[2]

オオアリクイは、ながい　したを　つかって、アリや　シロアリを　とる　どうぶつです。したを　しまって　おく　ために、口《くち》は　ほそながく　なって　います。

※さまざまな…いろいろな。

（令和六年度版　東京書籍　新編　あたらしいこくご　一下　なるしま　えつお）

[1]

(1) どうぶつたちの　まわりに　きけんが　いっぱいなのは　なぜですか。

さまざまな（　　　）が　いるから。

(2) どうぶつたちは、てきから　なにを　まもりますか。

[2]

(1) オオアリクイは、ながい　したを　つかって、どんな　いきものを　とりますか。二《ふた》つ　かきましょう。

(2) したを　しまって　おく　ために、ほそながく　なって　いるのは　なんですか。

オオアリクイの（　　　）。

せつめい文《ぶん》

子《こ》どもを　まもる　どうぶつたち　②

名まえ

①、②の　文《ぶん》しょうを　よみましょう。
よめたら、しつもんに　こたえましょう。

①

ライオンなど、にくを　たべる　どうぶつが、子《こ》どもを　きけんから　とおざける　ときには、ふつう　くわえたり　かかえたり　して、はこびます。

しかし、オオアリクイの　口《くち》は　ほそながいので、子《こ》どもを　くわえて　はこぶ　ことが　できません。

②

そこで、オオアリクイの　おやは、ちえを　つかいます。

おやは、子《こ》どもを　せなかに　のせて　はこびます。オオアリクイの　子《こ》どもの　からだの　もようと、おやの　からだの　もようが　つながって　見《み》え、てきから　子《こ》どもが　目立《めだ》たなく　なるのです。

（令和六年度版　東京書籍　新編　あたらしいこくご　一下　なるしま　えつお）

①

(1)　ライオンは、なにを　たべる　どうぶつだと　いって　いますか。

（　　　　）を　たべる　どうぶつ。

(2)　オオアリクイが　ライオンの　ように、子《こ》どもを　くわえて　はこぶ　ことが　できないのは　なぜですか。

オオアリクイの　（　　　　）は　ほそながいから。

②

(1)　オオアリクイの　おやは、子《こ》どもを　どのように　はこび　ますか。

子《こ》どもを　（　　　　）　はこびます。

(2)　てきから　子《こ》どもが　目立《めだ》たなく　なるのは、なぜですか。

おやの　からだの　（　　　　）と、
子《こ》どもの　からだの　（　　　　）が
（　　　　）見《み》えるから。

ことば

かきと かぎ

名まえ

つぎの ぶんしょうを よみましょう。よめたら、しつもんに こたえましょう。

さるの だいじな
かぎの たば
げんかん うらぐち
まど とだな
どれが どれだか
わからない

(1) さるの だいじな ものは なんですか。

の

(2) どれが どれだか わからなく なったのは どこの かぎですか。よっつ かきましょう。

（令和六年度版 光村図書 こくご 一上 かざぐるま「かきと かぎ」による）

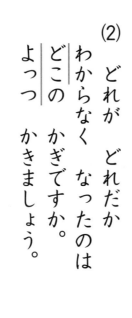

ことば

ねこと　ねっこ

名まえ

つぎの　ぶんしょうを　よみましょう。よめたら、しつもんに　こたえましょう。

ねこが　いっぴき、
はらっぱ　はしる。
ねっこ　とびこえ、
ばったと　かけっこ。

（令和六年度版　光村図書　こくご　一上　かざぐるま「ねこと　ねっこ」による）

(1) ねこは、なんひき　いますか。

(2) ねこは、どこを　はしりますか。

(3) ねこは、なにを　とびこえましたか。

(4) ねこは、ばったと　なにを　しましたか。

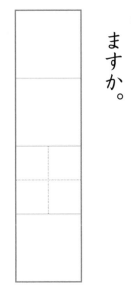

ことば

おばさんと　おばあさん

名まえ

つぎの　ぶんしょうを　よみましょう。よめたら、しつもんに　こたえましょう。

まほうの　ほうきで
そら　とぶ　おばさん。
げんきに　たいそう
おばあさん。

(1) どんな　ほうきですか。

□□□ □□□ の

(2) そらを　とぶのは　だれですか。

(3) げんきに　たいそう　するのは、だれですか。

（令和六年度版　光村図書　こくご　一上　かざぐるま「おばさんと　おばあさん」による）

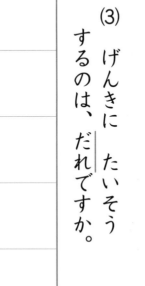

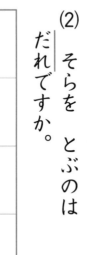

ことば

おもちやと　おもちゃ

名まえ

つぎの　ぶんしょうを　よみましょう。よめたら、しつもんに　こたえましょう。

おきゃくが　ぎょうれつ
しょうてんがい。
おもちの　ならぶ
おもちやさん。
おもちゃが　いっぱい
おもちゃやさん。

(1) だれが　ぎょうれつを　つくって　いますか。

［　　　　］

(2) ぎょうれつが　できて　いるのは、どこですか。

［　　　　］がい

(3) おもちが　ならんで　いるのは、なにやさんですか。

［　　　　］さん

(4) おもちゃが　いっぱい　あるのは、なにやさんですか。

［　　　　］さん

（令和六年度版　光村図書　こくご　一上　かざぐるま「おもちやと　おもちゃ」による）

ことば

かたかなを　みつけよう

名まえ

つぎの　ぶんしょうを　よみましょう。よめたら、しつもんに　こたえましょう。

コップに　ぎゅうにゅう
おさらに　サラダ
パンには　ジャムを
つけましょう
スープは　スプーンで
のみましょう
ゼリーは　しょくごの
おたのしみ

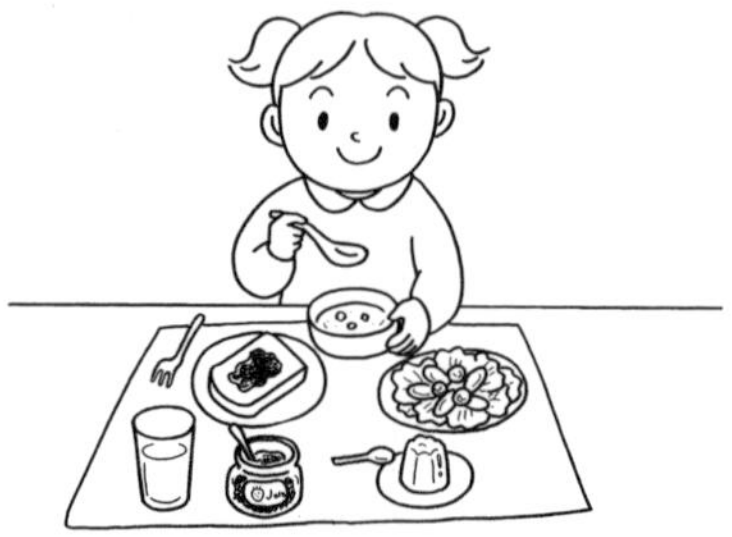

(1) ぎゅうにゅうは、なにに　はいって　いますか。

(2) おさらには、なにが　ありますか。

(3) パンには、なにを　つけますか。

(4) スープは、なにで　のみますか。

(5) しょくごの　おたのしみは、なんですか。

（令和六年度版　光村図書　こくご　一上　かざぐるま「かたかなを　みつけよう」による）

ことば

かずと かんじ

名まえ

つぎの ぶんしょうを よみましょう。よめたら、しつもんに こたえましょう。

一	いち（いっ）	ひとつ
二	に	ふたつ
三	さん	みっつ
四	し よん	よっつ
五	ご	いつつ
六	ろく（ろっ）	むっつ
七	しち なな	ななつ
八	はち（はっ）	やっつ
九	きゅう く	ここのつ
十	じゅう じっ（じゅっ）	とお

一《ひと》つ たたくと、こぶたが 一《いっ》ぴき。
二《ふた》つ たたくと、こぶたが 二《に》ひき。
三《みっ》つ たたくと、こぶたが 三《さん》びき。
四《よっ》つ たたくと、こぶたが 四《よん》ひき。
五《いっ》つ たたくと、こぶたが 五《ご》ひき。
どんどん どんどん、ふえて くる。
六《むっ》つ たたくと、こぶたが 六《ろっ》ぴき。
七《なな》つ たたくと、こぶたが 七《しち》ひき。
八《やっ》つ たたくと、こぶたが 八《はっ》ぴき。
九《ここの》つ たたくと、こぶたが 九《きゅう》ひき。
十《とお》 たたくと、こぶたが 十《じっ》ぴき。
のはらは、こぶたで いっぱいだ。

（令和六年度版 光村図書 こくご 一上 かざぐるま 「かずと かんじ」 による）

(1) たたくと、なにが でて きますか。

(2) 四《よっ》つ たたくと、なんびきに なりますか。

ひき

(3) こぶたが どんどん どんどん、どう なりますか。

どんどん どんどん どんどん、（　　）くる。

(4) こぶたで いっぱいに なった ところは、どこですか。

(5) 正《ただ》しい ものに 一《ひと》つ ○を つけましょう。

（　）たたく かずが 一《ひと》つ ふえると、こぶたの かずも 二《に》ひき ふえる。

（　）たたく かずが 一《ひと》つ ふえると、こぶたの かずも 一《いっ》ぴき ふえる。

（　）たたく かずが ふえても、こぶたの かずは ふえない。

ことば

かん字《じ》の はなし

名まえ

つぎの 文《ぶん》しょうを よみましょう。よめたら、しつもんに こたえましょう。

かん字《じ》は、はじめは、かんたんな えのような ものでした。

「やま」の すがたから、「山《やま》」と いう かん字《じ》が できました。

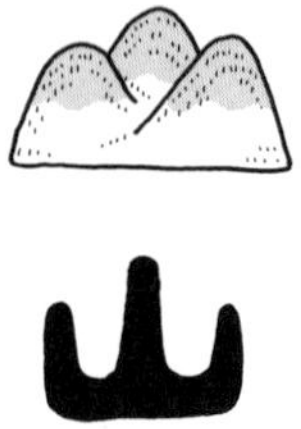

「みず」の ながれる ようすから、「水《みず》」と いう かん字《じ》が できました。

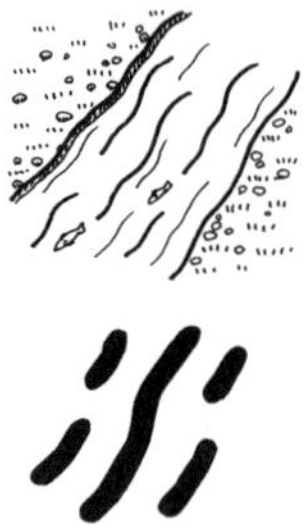

空《そら》から 「あめ」が ふる ようすから、「雨《あめ》」と いう かん字《じ》が できました。

（令和六年度版　光村図書　こくご　一下　ともだち　「かん字の　はなし」による）

(1) かん字の はじめは、どのような ものでしたか。

かんたんな（　　）のような もの。

(2) 「やま」の すがたから、できた かん字《じ》を かきましょう。

□

(3) 「水《みず》」と いう かん字《じ》は、「みず」の どんな ようすから できましたか。

（　　）ようす。

(4) 空《そら》から 「あめ」が ふる ようすから、できた かん字《じ》を かきましょう。

□

ことば

はやくちことば

名まえ

[1]～[3]の　はやくちことばを　よみましょう。
よめたら、しつもんに　こたえましょう。

[1]

なまむぎ
なまごめ
なまたまご

[2]

あおまきがみ
あかまきがみ
きまきがみ

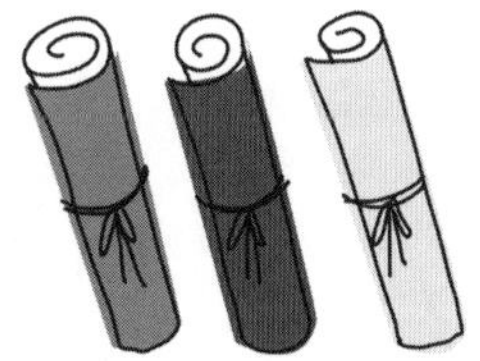

[3]

かえる　ひょこひょこ
三《み》ひょこひょこ
あわせて　ひょこひょこ
六《む》ひょこひょこ

[1]　「なま」に　つづく　ことばを
三《みっ》つ　かきましょう。

なま（　　　）
なま（　　　）
なま（　　　）

[2]　まきがみには、どんな
いろの　ものが　ありますか。

（　　　）いろ
（　　　）いろ
（　　　）いろ

[3]　かえるは、あわせて　なんひき
いますか。○を　つけましょう。

（　）三《さん》びき
（　）六《ろっ》ぴき

（令和六年度版　光村図書　こくご　一下　ともだち　「ことばを　たのしもう」による）

ことば
日《ひ》づけと よう日《び》 ①

名まえ

[1]、[2]の 文《ぶん》しょうを よみましょう。よめたら、しつもんに こたえましょう。

[1]

一月一日《いちがつついたち》 お正月《しょうがつ》。
二月二日《にがつふつか》は みんなで こたつ。
三月三日《さんがつみっか》は ももの 花《はな》。
四月四日《しがつよっか》は さくらの 花見《はなみ》。
五月五日《ごがついつか》は こいのぼり。
六月六日《ろくがつむいか》は わかばの こみち。

[2]

七月七日《しちがつなのか》は 天《あま》の川《がわ》。
八月八日《はちがつようか》は なつ休《やす》み。
九月九日《くがつここのか》 虫《むし》の こえ。
十月十日《じゅうがつとおか》は ハイキング。
ロープウエーにも ㋐のりたいな。
十一月十一日《じゅういちがつじゅういちにち》 おちばひろい。
十二月二十日《じゅうにがつはつか》は、
はやく こい こい お正月《しょうがつ》。

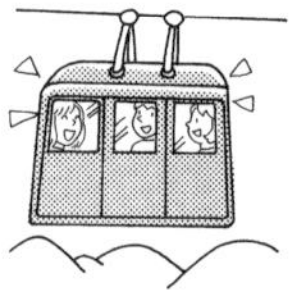

(令和六年度版 光村図書 こくご 一下 ともだち 「日づけと よう日」による)

[1]

(1) 一月一日《いちがつついたち》は、なんと かいて ありますか。

(2) 四月四日《しがつよっか》は、なんと かいて ありますか。
さくらの

(3) 六月六日《ろくがつむいか》は、なんと かいて ありますか。
わかばの

[2]

(1) 天《あま》の川《がわ》に つながりが あるのは、何月何日《なんがつなんにち》ですか。
月《がつ》 日《か》

(2) ① ㋐のりたいなと かいて あるのは、何月何日《なんがつなんにち》ですか。
月《がつ》 日《か》

② なにに のりたいのですか。

(3) 十二月二十日《じゅうにがつはつか》は、なんと かいて ありますか。

ことば 日《ひ》づけと よう日《び》 ②

名まえ

つぎの 文《ぶん》しょうを よみましょう。よめたら、しつもんに こたえましょう。

お日《ひ》さま にっこり
日《にち》よう日《び》

きれいな 月《つき》だね
月《げつ》よう日《び》

たき火《び》で やきいも
火《か》よう日《び》だ

おいしい 水《みず》 のむ
水《すい》よう日《び》

木《き》のぼり どきどき
木《もく》よう日《び》

お金《かね》で かいもの
金《きん》よう日《び》

土《つち》に たね まく
土《ど》よう日《び》だ

（令和六年度版 光村図書 こくご 一下 ともだち「日づけと よう日」による）

(1) お日《ひ》さまが にっこりするのは、なんよう日《び》ですか。

日よう日

(2) 月《つき》が きれいなのは、なんよう日《び》ですか。

(3) たき火《び》で やきいもを やくのは、なんよう日《び》ですか。

(4) おいしい 水《みず》を のむのは、なんよう日《び》ですか。

(5) 木《もく》よう日《び》に なにを しますか。

(6) 金《きん》よう日《び》に お金《かね》で なにを しますか。

(7) 土《ど》よう日《び》に 土《つち》に なにを まきますか。

ことば

ものの　名《な》まえ ①

名まえ

[1]、[2]の　文《ぶん》しょうを　よみましょう。よめたら、しつもんに　こたえましょう。

[1]

けんじさんは、夕《ゆう》がた、おねえさんと　町《まち》へ　かいものに　いきました。

[2]

はじめの　おみせには、りんご、みかん、バナナなどが、ならんで　います。ⓐふたりは、五百円《ごひゃくえん》で　りんごを　かいました。

この　おみせは、なにやさんでしょう。

[1] けんじさんが　町《まち》へ　いった　のは、なにを　するためですか。

[2]
(1) はじめの　おみせに　ならんで　いる　ものの　名《な》まえを　三《みっ》つ　かきましょう。

(2) ⓐふたりとは、だれと　だれの　ことですか。

（　　　　）と（　　　　）

（令和六年度版　光村図書　こくご　一下　ともだち「ものの　名まえ」による）

ことば
ものの 名《な》まえ ②

名まえ

①、②の 文《ぶん》しょうを よみましょう。よめたら、しつもんに こたえましょう。

①

つぎに、さかなやさんに いきました。あじ、さば、たいなどが、ならんで います。

②

けんじさんが、「㋐さかなを ください。」と いって、千円《せんえん》さつを 出《だ》しました。おみせの おじさんは、「㋑さかなじゃ わからないよ。」と、わらいながら いいました。おじさんは、なぜ、「わからないよ。」と いったのでしょう。

（令和六年度版 光村図書 こくご 一下 ともだち 「ものの 名まえ」による）

① (1) つぎに、どこに いきましたか。

(2) この おみせに ならんで いる ものの 名《な》まえを 三《みっ》つ かきましょう。

② (1) ㋐「さかなを ください。」と いったのは だれですか。

(2) おじさんは、なぜ、㋑「さかなじゃ わからないよ。」と いったのですか。○を つけましょう。

（　）さかなにも あじ、さば、たいなど、いろいろな ものが あるから。

（　）いかや たこは あるけれど、さかなは ならんで いないから。

解答例

※ワークシートと解答例は、学習する児童の実態にあわせて拡大してお使いください。

6頁

おはなし　一文《いちぶん》を よみとろう ①

名まえ

1

いもうとが
おいしそうに
バナナを
たべています。

2

あさがおの　花《はな》が
うえ木ばちで
きれいに
さきました。

1の　文《ぶん》しょうを　よんで　こたえましょう。

(1)　だれが？

いもうと

(2)　なにを　たべていますか。

バナナ

2の　文《ぶん》しょうを　よんで　こたえましょう。
（ならって　いない　かん字《じ》は、ひらがなで　かきましょう。）

(1)　なんの　花《はな》が？

あさがお

(2)　どこで？

うえ木ばち

(3)　どう　なりましたか。

さきました

7頁

おはなし　一文《いちぶん》を よみとろう ②

名まえ

1

先生《せんせい》が「山《やま》」と
いう　かん字《じ》の
かきじゅんを　ぼくに
おしえて　くれました。

2

ひる休《やす》みに、
六年生《ろくねんせい》の
おねえさんが
としょしつで
え本《ほん》を　よんで
くれました。

1の　文《ぶん》しょうを　よんで　こたえましょう。
（ならって　いない　かん字《じ》は、ひらがなで　かきましょう。）

(1)　だれが？

先生

(2)　なにを　おしえて　くれましたか。

（「山」と　いう　かん字《じ》の　かきじゅん）。

2の　文《ぶん》しょうを　よんで　こたえましょう。
（ならって　いない　かん字《じ》は、ひらがなで　かきましょう。）

(1)　だれが？

六年生《ろくねんせい》の（おねえさん）。

(2)　どこで？

としょしつ

(3)　なにを　よんで　くれましたか。

え本

8頁

おはなし　二文《にぶん》を よみとろう ①

名まえ

1、2の　文《ぶん》しょうを　よみましょう。よめたら、しつもんに　こたえましょう。（ならって　いない　かん字《じ》は、ひらがなで　かきましょう。）

1

学校《がっこう》の
かえりに
大《おお》つぶの　雨《あめ》が
ふって　きました。

2

ふと、みちばたを
見《み》ると、
むらさきいろの
あじさいの　花《はな》が
雨《あめ》に　ぬれて
さいて　いました。

1

(1)　雨《あめ》は、いつ　ふって　きましたか。

学校の　かえり

(2)　どんな　雨《あめ》ですか。○を　つけましょう。

（○）大《おお》つぶの　雨《あめ》

（　）こまかい　雨《あめ》

2

(1)　ふと、どこを　見《み》たのですか。

みちばた

(2)　なんの　花《はな》が　さいて　いましたか。

あじさい

(3)　なにいろの　花《はな》でしたか。

むらさきいろ

9頁

おはなし　二文《にぶん》を よみとろう ②

名まえ

1

たいちおじさんは
こうさてんで　いつも
はたを　もって
立《た》って　います。
子どもたちの
あんぜんに　気《き》を
つけて　います。

2

きのう、
みかさんは　先生《せんせい》に
ほめられました。
けがを　した
よしきさんを
ほけんしつまで
つれて　いって
あげたからです。

1の　文《ぶん》しょうを　よんで　こたえましょう。

(1)　たいちおじさんは、どこに　立《た》って　いますか。

こうさてん

(2)　たいちおじさんは、なにに　気《き》を　つけて　いますか。

子《こ》どもたちの（あんぜん）。

2の　文《ぶん》しょうを　よんで　こたえましょう。

(1)　だれが、先生《せんせい》に　ほめられましたか。

みか（さん）

(2)　なぜ　先生《せんせい》に　ほめられたのですか。

けがを　した（よしき）さんを　ほけんしつまで（つれて）いって　あげたから。

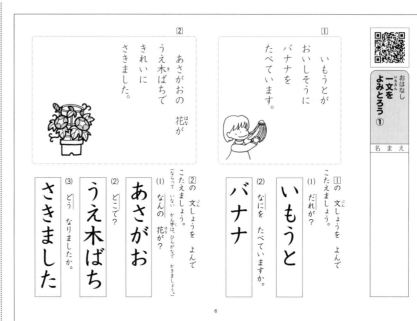

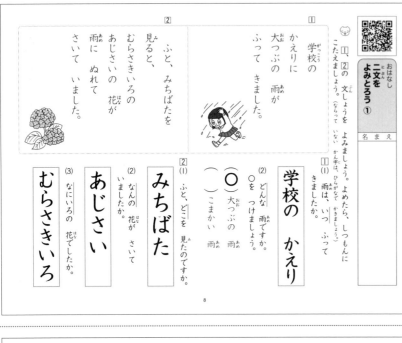

※児童に取り組ませる前に、必ず先生が問題を解いてください。本書の解答や指導にあたっては、あくまで１つの例です。児童の多様な考えに寄り添って、○つけをお願いします。

解答例

※ワークシートと解答例は、学習する児童の実態にあわせて拡大してお使いください。

10頁

おはなし
三文《さんぶん》を よみとろう ①

名まえ

①〜③の 文《ぶん》しょうを よみましょう。よめたら、しつもんに こたえましょう。（ならって いない かん字《じ》は、ひらがなで かきましょう。）

① うちには、二《に》ひきの 犬《いぬ》が います。

② 名《な》まえは、シロと ムギと いいます。

③ まいあさ、わたしは さんぽに いくのが たのしみです。

① 犬《いぬ》は、なんひき いますか。

二ひき

② 犬《いぬ》の 名《な》まえは、なんと いいますか。二《ふた》つ かきましょう。

※順不同

シロ　**ムギ**

③ わたしが たのしみに して いる ことは、いつ、なにを する ことですか。

● いつ　**まいあさ**

● なにを する　（**さんぽ**）に いく。

10

11頁

おはなし
三文《さんぶん》を よみとろう ②

名まえ

①〜③の 文《ぶん》しょうを よみましょう。よめたら、しつもんに こたえましょう。

① 土《ど》よう日《び》に、ぼくは、うわぐつを あらいました。

② おかあさんが、「きれいに なったね。」と、ほめて くれました。

③ うれしかったので、また あらおうと おもいました。

① ぼくは、なにを あらいましたか。

うわぐつ

② (1) だれが ほめて くれましたか。

おかあさん

(2) なんと いって ほめて くれましたか。

きれいに なったね。

③ また あらおうと おもったのは なぜですか。

（**うれしかった**）から。

11

12頁

おはなし
三文《さんぶん》を よみとろう ③

名まえ

①〜③の 文《ぶん》しょうを よみましょう。よめたら、しつもんに こたえましょう。（ならって いない かん字は、ひらがなで かきましょう。）

① ずこうの じかんに、ねんどあそびを しました。

② ぼくは、小《ちい》さな ボールを たくさん つくりました。

③ さいごに ボールを ぜんぶ つみ上《あ》げたら、ぶどうが できあがりました。

① ずこうの じかんに、なにを しましたか。

ねんどあそび

② ぼくは、なにを たくさん つくりましたか。

小さな ボール

③ (1) さいごに、なにを しましたか。

（**ボール**）を ぜんぶ （**つみ上げ**）た。

(2) なにが できあがりましたか。

ぶどう

12

13頁

おはなし
三文《さんぶん》を よみとろう ④

名まえ

①〜③の 文《ぶん》しょうを よみましょう。よめたら、しつもんに こたえましょう。（ならって いない かん字は、ひらがなで かきましょう。）

① ぼくは、うえ木ばちに あさがおの たねを まきました。

② ゆびで 土《つち》に あなを 五《いつ》つ あけて、たねを 一《ひと》つぶずつ まきました。

③ たねに 土《つち》を そうっと かけてから、さいごに 水《みず》を やりました。

① ぼくは、どこに たねを まきましたか。

うえ木ばち

② (1) 土《つち》に あなを いくつ あけましたか。

五つ

(2) 一《ひと》つの あなに なんつぶ ずつ たねを まきましたか。

一つぶ（ずつ）

③ さいごに なにを やりましたか。

水

13

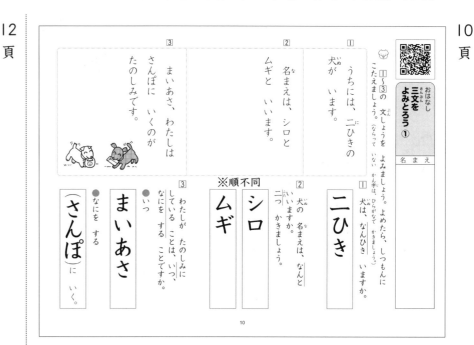

※児童に取り組ませる前に、必ず先生が問題を解いてください。本書の解答や指導にあたっては、あくまで１つの例です。児童の多様な考えに寄り添って、○つけをお願いします。

解答例

※ワークシートと解答例は、学習する児童の実態にあわせて拡大してお使いください。

14頁

おはなし
三文《さんぶん》を よみとろう ⑤

名まえ

①～③の 文《ぶん》しょうを よみましょう。よめたら、しつもんに こたえましょう。（ならって いない かん字《じ》は、ひらがなで かきましょう。）

① 目《め》の まえに
ひろがって いる
のはら 一《いち》めんに
赤《あか》い 花《はな》が
さいて います。

② のはらの まん中《なか》には、
一本《いっぽん》の みちが
まっすぐに 町《まち》まで
つづいて います。

③ まっすぐな みちを
ぼくたち 三人《さんにん》は
うたを
うたいながら
あるきました。

① (1) 目《め》の まえに ひろがって いますか。なにが 一《いち》めんに
のはら
(2) なにが さいて いますか。
赤い 花

② (1) のはらの まん中《なか》には、なにが まっすぐに つづいて いますか。
一本の みち
(2) どこまで つづいて いますか。
町

③ ぼくたちは、なにを しましたか。
□から あてはまる ことばを えらんで、（ ）に かきましょう。
（うた）を **（うたい）**ながら **（あるき）**ました。

うたい　あるき　うた

15頁

おはなし
三文《さんぶん》を よみとろう ⑥

名まえ

①～③の 文《ぶん》しょうを よみましょう。よめたら、しつもんに こたえましょう。

① ともやさんは、じぶんの
うちから おばあさんの
いえまで ひとりで
いけるように なりました。

② いく とちゅうには
しんごうや ふみきりが
あるので、ともやさんは、
そこでは いつも
どきどきしながら
いそいで わたります。

③ おばあさんの いえに
ついたら、おばあさんから
ほめて もらって、
おいしい おかしを
もらうのが
ともやさんの
たのしみです。

① ともやさんが ひとりで いける ように なったのは、どこですか。
おばあさんの いえ

② (1) おばあさんの いえまでに、なにが ありますか。二《ふた》つ かきましょう。
しんごう
ふみきり
※順不同
(2) しんごうや ふみきりでは、ともやさんは いつも どんな ようすで わたりますか。
（どきどき）しながら **（いそいで）** わたります。

③ おばあさんの いえに ついた ときの ともやさんの たのしみを 二《ふた》つ かきましょう。
（おばあさん）から **（ほめて）** もらう こと。
（おいしい おかし）を もらう こと。

16頁

おはなし
四文《よんぶん》を よみとろう ①

名まえ

①～④の 文《ぶん》しょうを よみましょう。よめたら、しつもんに こたえましょう。（ならって いない かん字《じ》は、ひらがなで かきましょう。）

① 七月一日《しちがつついたち》は、ぼくの
たんじょう日《び》でした。

② おいわいに、
じてん車《しゃ》を
かって もらいました。

③ ぼくが ほしかった
青《あお》いろの
じてん車《しゃ》です。

④ ちかくの こうえんで
おとうさんと のる
れんしゅうを
しました。

① ぼくの たんじょう日《び》は いつですか。
七月一日

② おいわいに なにを かって もらいましたか。
じてん車

③ ぼくが ほしかったのは、なにいろの じてん車《しゃ》でしたか。
青いろ

④ どこで のる れんしゅうを しましたか。
ちかくの **（こうえん）**。

17頁

おはなし
四文《よんぶん》を よみとろう ②

名まえ

①～④の 文《ぶん》しょうを よみましょう。よめたら、しつもんに こたえましょう。（ならって いない かん字《じ》は、ひらがなで かきましょう。）

① 休《やす》みじかんに、
中《なか》にわで なわとびを
れんしゅうしました。

② わたしは、まえとびを
たくさん とびました。

③ りくさんは、
うしろとびが
じょうずです。

④ わたしも、
うしろとびと
二《に》じゅうとびが
うまく なりたいです。

① (1) 休《やす》みじかんに、なにを れんしゅうしましたか。
なわとび
(2) どこで れんしゅう しましたか。
中にわ

② わたしは、なにを たくさん とびましたか。
まえとび

③ うしろとびが じょうずなのは、だれですか。
りく（さん）

④ わたしが うまく なりたい とびかたを 二《ふた》つ かきましょう。
※順不同
うしろとび
二じゅうとび

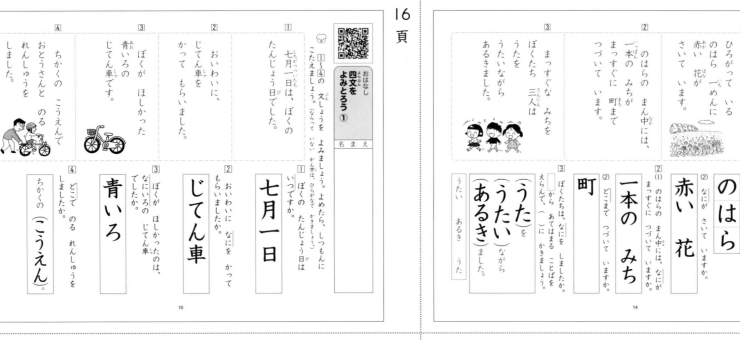

※児童に取り組ませる前に、必ず先生が問題を解いてください。本書の解答や指導にあたっては、あくまで１つの例です。児童の多様な考えに寄り添って、○つけをお願いします。

解答例

※ワークシートと解答例は、学習する児童の実態にあわせて拡大してお使いください。

18頁

おはなし
四文《よんぶん》を よみとろう ③

名まえ

1～4の 文《ぶん》しょうを よみましょう。よめたら、しつもんに こたえましょう。（ならって いない かん字《じ》は、ひらがなで かきましょう。）

1 えんそくで、どうぶつえんに いきました。

2 わたしは、はじめに キリンを 見《み》ました。

3 つぎに、二《に》とうの ゾウを 見《み》ました。

4 おりの 中《なか》の いけで、ゾウは 水《みず》あびを して いる ところでした。

1 えんそくで、どこに いきましたか。

どうぶつえん

2 わたしは、はじめに なにを 見《み》ましたか。

キリン

3 つぎに 見《み》た どうぶつの かずと 名《な》まえを かきましょう。

● かず

（二）とう

● 名《な》まえ

ゾウ

4 おりの 中《なか》の いけで、ゾウは なにを して いる ところでしたか。

水あび

18

19頁

おはなし
四文《よんぶん》を よみとろう ④

名まえ

1～4の 文《ぶん》しょうを よみましょう。よめたら、しつもんに こたえましょう。（ならって いない かん字《じ》は、ひらがなで かきましょう。）

1 ひる休《やす》みに うんどうじょうで 手《て》つなぎおにを しました。

2 おにの よしとさんは 足《あし》が はやいので、ぼくは すぐに つかまりました。

3 二人《ふたり》で 手《て》を つないで おいかけると、あまり はやく はしれません。

4 それでも、はるかさん、ゆみさんの じゅんに つかまえて、おにが 四人《よにん》に なった ところで、休《やす》みじかんが おわりました。

1 いつ、なにを しましたか。

● いつ

ひる休み

● なにを

手つなぎおに

2 ぼくが すぐに つかまった のは、なぜですか。○を つけましょう。

（○）おにの 足《あし》が はやいから。

（　）よそ見《み》を して いたから。

3 どんな ときは、あまり はやく はしれないのですか。

二人《ふたり》で（手）を つないで（おいかける）とき。

4 おにに つかまった じゅんに 1～3の ばんごうを かきましょう。

（3）ゆみさん

（1）ぼく

（2）はるかさん

19

20頁

おはなし
四文《よんぶん》を よみとろう ⑤

名まえ

1～4の 文《ぶん》しょうを よみましょう。よめたら、しつもんに こたえましょう。（ならって いない かん字《じ》は、ひらがなで かきましょう。）

1 しゅんやさんの たんにんの 先生《せんせい》は、むらたみさき先生《せんせい》です。

2 むらた先生《せんせい》は、先生《せんせい》に なる まえは 二年《にねん》の あいだ、たいそうきょうしつで はたらいて いたそうです。

3 むらた先生《せんせい》は、小学校《しょうがっこう》の 先生《せんせい》に なるために、いっしょうけんめい べんきょうしたそうです。

4 むらた先生《せんせい》は、とても やさしく べんきょうを おしえて くれて、休《やす》みじかんには みんなと ドッジボールを して あそんで くれます。

1 しゅんやさんの たんにんの 先生《せんせい》の 名《な》まえは なんですか。

むらたみさき

2 (1) むらた先生《せんせい》は、どこで はたらいて いましたか。

たいそうきょうしつ

(2) むらた先生《せんせい》は、なん年《ねん》の あいだ、はたらいて いましたか。

（二年）の あいだ。

3 (1) むらた先生《せんせい》は、なにに なるために、べんきょう しましたか。

小学校《しょうがっこう》の（先生）。

(2) どのように べんきょう しましたか。

（いっしょうけんめい）べんきょうしました。

4 むらた先生《せんせい》は、休《やす》みじかんに みんなと なにを して あそんで くれますか。

ドッジボール

20

21頁

おはなし
四文《よんぶん》を よみとろう ⑥

名まえ

つぎの 文《ぶん》しょうを よみましょう。よめたら、しつもんに こたえましょう。（ならって いない かん字《じ》は、ひらがなで かきましょう。）

学校《がっこう》から いえに かえると、おかあさんは しょうてんがいに 出《で》かけて るすでした。

わたしは、つくえの 上《うえ》の おかしを たべました。

それから、え本《ほん》を よみました。

「ただいま。」と、こえが して、おかあさんが 大《おお》きな ふくろを もって かえって きました。

(1) おかあさんは、どこに 出《で》かけて るすでしたか。

しょうてんがい

(2) おかあさんが るすの あいだ、わたしは なにを しましたか。二《ふた》つ かきましょう。

（おかし）を たべた。

（え本）を よんだ。

(3) かえって きたとき、おかあさんは、なんと いいましたか。

ただいま。

(4) おかあさんは、なにを もって かえって きましたか。

大きな ふくろ

解答例

※ワークシートと解答例は、学習する児童の実態にあわせて拡大してお使いください。

22頁

せつめい文《ぶん》（せいかつ）
一文《いちぶん》を よみとろう ①

名まえ

1
わたしは
あおいさんと
学校《がっこう》たんけんを
しました。

2
ぼくと
すずきさんは、
休《やす》みじかんに
ちょうりしさんに
あいさつを
しました。

1の 文《ぶん》しょうを よんで こたえましょう。
（ならって いない かん字《じ》は、ひらがなで かきましょう。）

(1) だれが？
わたし

(2) だれと？
あおい（さん）

(3) なにを しましたか。
学校たんけん

2の 文《ぶん》しょうを よんで こたえましょう。

(1) だれと だれが？
（ぼく）と（すずき）さん。

(2) いつ？ ○を つけましょう。
（　）きゅうしょくじかん
（○）休《やす》みじかん

(3) ちょうりしさんに なにを しましたか。
あいさつ

23頁

せつめい文《ぶん》（せいかつ）
一文《いちぶん》を よみとろう ②

名まえ

1
のはらや はたけに
よく いる
てんとうむしは、
やさいや 草花《くさばな》の
しるを すう
あぶらむしを
たべて くれて
います。

2
てんとうむしを
つかまえると くさい
しるを 出《だ》す ことが
ありますが、これは
くさい しるで
とりなどを
いやがらせて、
みを まもって
いるのだと
いわれて います。

1の 文《ぶん》しょうを よんで こたえましょう。

(1) てんとうむしは、どこに よく いますか。二《ふた》つ かきましょう。
※順不同
のはら
はたけ

(2) やさいや 草花《くさばな》の しるを すうのは、なんと いう 虫《むし》ですか。
あぶらむし

(3) あぶらむしを たべるのは、なんと いう 虫《むし》ですか。
てんとうむし

2の 文《ぶん》しょうを よんで こたえましょう。

(1) なんと いう 虫《むし》の ことが かいて ありますか。
てんとうむし

(2) てんとうむしを つかまえると、てんとうむしは どんな ことを しますか。
（くさい しる）を 出《だ》す。

(3) てんとうむしは、なんの ために くさい しるを 出《だ》すのですか。
（み）を まもるため。

24頁

せつめい文《ぶん》（せいかつ）
一文《いちぶん》を よみとろう ③

名まえ

1
あきの おわりごろに
なると、さくらや
いちょうの 木《き》の はっぱの
いろは 赤《あか》や きいろに
かわりますが、まつや
かしの 木《き》の ように
はっぱの いろが
みどりいろの ままで
かわらない ものも
あります。

2
やさいには、トマトや
きゅうりの ように、
みを たべる ものの
ほかに、キャベツや
ほうれんそうの ように
はっぱを たべる もの、
だいこんや ごぼうの
ように ねの
ところを たべる
ものが あります。

1の 文《ぶん》しょうを よんで こたえましょう。

あきの おわりごろに なると、はっぱの いろが つぎの ように なるのは、なんと いう 木《き》ですか。

※順不同
● 赤《あか》や きいろに かわる 木《き》
さくら
いちょう

● みどりいろの まま かわらない 木《き》
まつ
かし

2の 文《ぶん》しょうを よんで こたえましょう。

(1) わたしたちは、いろいろな やさいの どんな ところを たべていますか。三《みっ》つ かきましょう。
み
はっぱ
ね

(2) つぎの ところを たべるのは、なんと いう やさいですか。二《ふた》つずつ かきましょう。

※順不同
● みの ところ
トマト
きゅうり

● はっぱの ところ
キャベツ
ほうれんそう

● ねの ところ
だいこん
ごぼう

25頁

せつめい文《ぶん》（せいかつ）
二文《にぶん》を よみとろう ①

名まえ

1、2の 文《ぶん》しょうを よみましょう。よめたら、しつもんに こたえましょう。（ならって いない かん字《じ》は、ひらがなで かきましょう。）

1
きのう、
生《せい》かつかの
学《がく》しゅうで
学校《がっこう》の 中《なか》を
たんけんしました。

2
ぼくは、きたにわで
さくらの
木《き》を 見《み》つけ、
山田《やまだ》さんは、
うんどうじょうで
バックネットを
見《み》つけました。

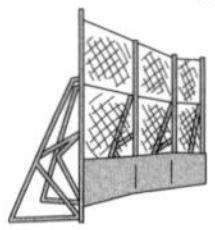

1
(1) いつの ことですか。一《ひと》つに ○を つけましょう。
（　）きょう
（○）きのう
（　）あした

(2) どこを たんけんしましたか。
学校の 中

2
(1) さくらの 木《き》を 見《み》つけたのは、だれですか。
ぼく

(2) バックネットを 見《み》つけたのは、だれですか。
山田（さん）

(3) さくらの 木《き》は どこに ありましたか。○を つけましょう。
（○）きたにわ
（　）うんどうじょう

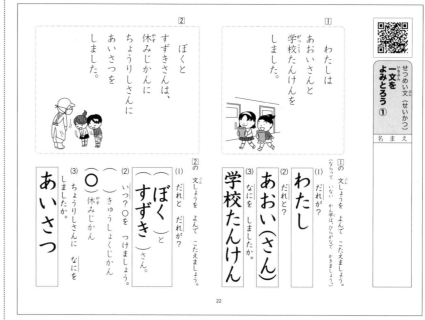

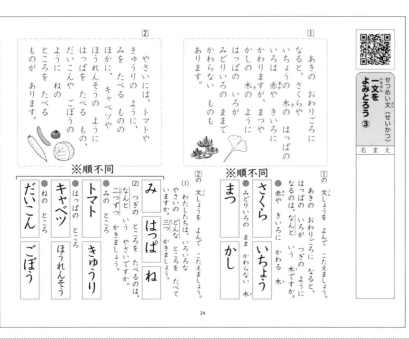

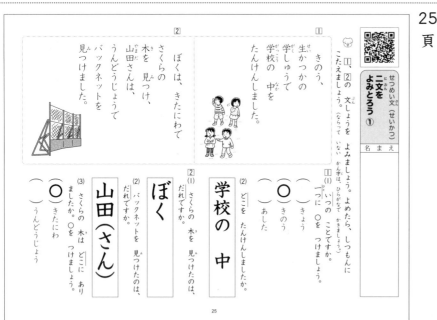

解答例

※ワークシートと解答例は、学習する児童の実態にあわせて拡大してお使いください。

26頁

せつめい文《ぶん》（せいかつ）
二文《にぶん》を よみとろう ②

名まえ

1

しょうたさんが、うらにわの おちばが つもって いる ところを ひっくりかえすと、おちばの 下《した》から、だんごむしが いっぱい 出《で》て きました。
しょうたさんは、だんごむしは おちばが すきなのかな、と おもいました。

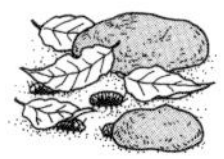

2

けんとさんは、だんごむしを かってみようと おもいました。
小《ち》さい しいくばこを よういして、その 中《なか》に、だんごむしと だんごむしの たべものに する ための おちばを 入《い》れました。

1の 文《ぶん》しょうを よんで こたえましょう。

(1) どこに おちばが つもって いる ところが ありましたか。

うらにわ

(2) しょうたさんが 見《み》つけた 虫《むし》は なんでしたか。

だんごむし

(3) だんごむしは、どこに いましたか。○を つけましょう。

（　）おちばの 上《うえ》
（○）おちばの 下《した》

(4) しょうたさんは、だんごむしの すきな ものは なんだと おもいましたか。

おちば

2の 文《ぶん》しょうを よんで こたえましょう。

(1) けんとさんは、なにを しようと おもって、しいくばこを よういしたのですか。

（だんごむし）を （かってみよう）と おもって、よういしました。

(2) けんとさんが しいくばこの 中《なか》に 入《い》れた ものは、なんですか。二《ふた》つ かきましょう。

※順不同

だんごむし　おちば

(3) けんとさんは、だんごむしが なにを たべると おもって いますか。

おちば

26

27頁

せつめい文《ぶん》（せいかつ）
二文《にぶん》を よみとろう ③

名まえ

1

雨《あめ》の 日《ひ》、ゆかさんは 学校《がっこう》からの かえりみち、ぬれた セメントの かべに 十《じっ》ぴきくらいの かたつむりが いるのを 見《み》つけました。
ゆかさんは、かたつむりは、セメントが すきなのかな、と おもいました。

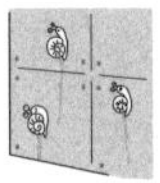

2

そうまさんは、草《くさ》むらで てんとうむしを つかまえました。
てのひらに のせて みると、てんとうむしは ゆびを のぼって いって、ゆびの さきまで くると、はねを ぱっと ひろげ ぶうんと とんで いきました。

1の 文《ぶん》しょうを よんで こたえましょう。

(1) ゆかさんは、なにを 見《み》つけましたか。

かたつむり

(2) ゆかさんの 見《み》つけた ものは、どんな ところに いましたか。

ぬれた（セメント）の（かべ）。

(3) ゆかさんは、なんと おもいましたか。

かたつむりは、（セメントが すきなのかな）、と おもいました。

2の 文《ぶん》しょうを よんで こたえましょう。（ならって いない かん字《じ》は、ひらがなで かきましょう。）

(1) そうまさんは、どこで なにを つかまえましたか。

● どこで　草むら
● なにを　てんとうむし

(2) つかまえた てんとうむしは、どんな ことを しましたか。○を つけましょう。

（○）ゆびの さきまで のぼって いって、とんで いった。
（　）てのひらの うえで じっと していた。

27

28頁

せつめい文《ぶん》（せいかつ）
三文《さんぶん》を よみとろう ①

名まえ

1～3の 文《ぶん》しょうを よみましょう。よめたら、しつもんに こたえましょう。

1

つうがくろを みんなで あるいたら、コンビニが 二《に》けんも ありました。

2

ほかにも、パンやさん、さかなやさん、やさいの ちょくばいじょが ありました。

3

こんなに たくさん おみせが あるとは、いままで 気《き》が つかなかったので びっくりしました。

1 (1) どこを みんなで あるきましたか。

つうがくろ

(2) なにが 二《に》けん ありましたか。

コンビニ

2 なんの ちょくばいじょが ありましたか。一《ひと》つに ○を つけましょう。

（　）パン
（　）さかな
（○）やさい

3 どんな ことに 気《き》が つかなかったのですか。一《ひと》つに ○を つけましょう。

（　）つうがくろに おみせが ある こと。
（○）たくさん おみせが ある こと。
（　）コンビニが 二《に》けんも ある こと。

28

29頁

せつめい文《ぶん》（せいかつ）
三文《さんぶん》を よみとろう ②

名まえ

1～3の 文《ぶん》しょうを よみましょう。よめたら、しつもんに こたえましょう。

1

あさがおや ひまわりの 花《はな》を さかせるには、まず たねを まいて、そこから 出《で》て きた めを そだてて いきます。

2

いっぽう、チューリップや クロッカス、ゆりなどは たねを まくのでは なく、きゅうこんを うえて、それを そだてて 花《はな》を さかせます。

3

きゅうこんは たねでは ありませんが、このように 草花《くさばな》には たねから そだてる ものの ほかに、きゅうこんを うえて そだてる ものも あるのです。

1 まず たねを まいて そだてて、花《はな》を さかせる 草花《くさばな》の 名《な》まえを 二《ふた》つ かきましょう。

※順不同

あさがお　ひまわり

2 きゅうこんを うえて そだてて、花《はな》を さかせる 草花《くさばな》の 名《な》まえを 三《みっ》つ かきましょう。

※順不同

チューリップ　クロッカス　ゆり

3 (1) きゅうこんは たねですか。○を つけましょう。

（　）きゅうこんは たねです。
（○）きゅうこんは たねでは ありません。

(2) 正《ただ》しい ほうに ○を つけましょう。

（○）草花《くさばな》には、たねから そだてる ものと、きゅうこんから そだてる ものが あります。
（　）どんな 草花《くさばな》でも、花《はな》を さかせるには、たねを まいて たねから そだてます。

29

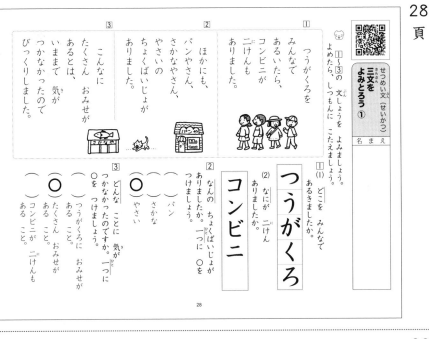

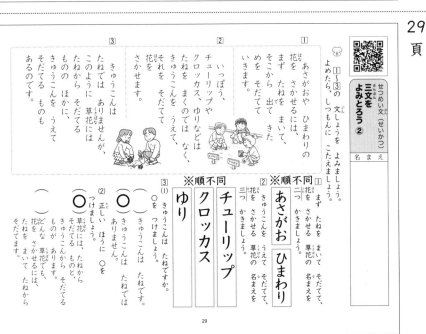

解答例

※ワークシートと解答例は、学習する児童の実態にあわせて拡大してお使いください。

30 頁

せつめい文《ぶん》（せいかつ）
三文《さんぶん》を よみとろう ③

名まえ

1～3の 文《ぶん》しょうを よみましょう。よめたら、しつもんに こたえましょう。

1 あき、かれ草《くさ》の 上《うえ》を あるくと、ズボンや うわぎに くっつきむしが つく ことが あります。

2 もちろん、ⓐこれは 虫《むし》では なく、オナモミや イノコヅチなどの 草《くさ》の みで、みの おもてに ついて いる とげとげで、人《ひと》の ふくや 犬《いぬ》の けに、ひっかかるように して くっつきます。

3 そして、人《ひと》や 犬《いぬ》に くっついた みは、あちこちに はこばれ、土《つち》に おちて めを 出《だ》し、そこで また なかまを ふやして いくのです。

1 (1) かれ草《くさ》の 上《うえ》を あるく とき、ズボンや うわぎに つく ものは なんですか。
くっつきむし

(2) いつの きせつの ことですか。
あき

2 (1) ⓐこれとは、なんの ことですか。○を つけましょう。
（○）くっつきむし
（　）てんとうむし

(2) オナモミや イノコヅチなどの 草《くさ》の みは、どのように して くっつきますか。○を つけましょう。
（　）はの おもてに ついて いる とげとげで、ひっかかる ように して くっつく。

（○）みの おもてに ついて いる とげとげで、ひっかかる ように して くっつく。

3 くっついた みは、その あと どう なりますか。1～4の じゅんに ばんごうを かきましょう。
（**3**）めを 出《だ》す。
（**2**）土《つち》に おちる。
（**1**）あちこちに はこばれる。
（**4**）そこで なかまを ふやして いく。

31 頁

せつめい文《ぶん》（せいかつ）
四文《よんぶん》を よみとろう ①

名まえ

1～4の 文《ぶん》しょうを よみましょう。よめたら、しつもんに こたえましょう。（ならって いない かん字《じ》は、ひらがなで かきましょう。）

1 あさ おきたら、ぼくは しんぶんを とりに いき、にわの うえ木《き》ばちに 水《みず》を やります。

2 たべた あとの おちゃわんを はこび、犬《いぬ》の コロに えさを やるのも ぼくの しごとです。

3 おにいちゃんは、おさらを あらったり、コロを さんぽに つれて いったり します。

4 ぼくも 早《はや》く もっと むずかしい しごとを して みたいと おもって います。

1 (1) なにを とりに いきますか。
しんぶん

(2) なにに 水《みず》を やりますか。
うえ木ばち

2 ぼくが する ことに 二《ふた》つ ○を つけましょう。
（○）おちゃわんを はこぶ。
（　）おちゃわんを あらう。
（○）コロに えさを やる。

3 だれが コロを さんぽに つれて いきますか。
おにいちゃん

4 ぼくが 早《はや》く して みたい ことは、どんな ことですか。
もっと（**むずかしい**）**しごと**。

32 頁

せつめい文《ぶん》（せいかつ）
四文《よんぶん》を よみとろう ②

名まえ

1～4の 文《ぶん》しょうを よみましょう。よめたら、しつもんに こたえましょう。（ならって いない かん字《じ》は、ひらがなで かきましょう。）

1 あきに なると、田《た》んぼの いねは きいろく なって、おこめが たくさん みのります。

2 ところが、こまった ことに このような 田《た》んぼには すずめが つぎつぎに ⓐやって きて、みのった おこめを たべるのです。

3 そこで、たいせつな おこめを すずめに たべられないように するために、田《た》んぼに たてられて いるのが、かかしです。

4 かかしは、人《ひと》の かたちを して いて、とおくから 見《み》ると、田《た》んぼに 人《ひと》が いるように 見《み》えるのか、すずめは ようじんして ちかよって こないようです。

1 あきに なると、なにが きいろく なって、なにが みのりますか。
田《た》んぼの（**いね**）は きいろく なって、（**おこめ**）が みのります。

2 ⓐやって きてと ありますが、どこへ なにが なんの ために やって くるのですか。
● どこへ **田んぼ**
● なにが **すずめ**
● なんの ため （**おこめ**）を たべるため。

3 かかしは、なんの ために たてられて いるのですか。○を つけましょう。
（○）おこめを すずめに たべられ ないように するため。
（　）田《た》んぼに すずめを あつめるため。

4 かかしは、どんな かたちを して いますか。
（**人**）の かたち。

33 頁

せつめい文《ぶん》（せいかつ）
四文《よんぶん》を よみとろう ③

名まえ

1～4の 文《ぶん》しょうを よみましょう。よめたら、しつもんに こたえましょう。（ならって いない かん字《じ》は、ひらがなで かきましょう。）

1 草《くさ》むらには、みどりいろを した 虫《むし》や、くろっぽい いろを した 虫《むし》などが くらして います。

2 えのころぐさなどの 草《くさ》むらには、おんぶばったや とのさまばったなど、ばったの なかまが たくさん いて、草《くさ》の はっぱを かじって たべて います。

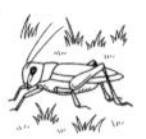

3 そして、草《くさ》むらに いる ばったや ちょうを ねらう かまきりは、それらを かまで つかまえて たべて います。

4 また、草《くさ》むらの 下《した》の じめんには、じめんや かれ草《くさ》の いろと よく にた くろっぽい いろを した こおろぎが くらして います。

1 草《くさ》むらには、どんな いろを した 虫《むし》が くらして いますか。二《ふた》つ かきましょう。
※順不同
みどりいろ
くろっぽい いろ

2 ばったの なかまは、なにを かじって たべて いますか。
草の はっぱ

3 (1) ばったや ちょうを ねらうのは、なんですか。
かまきり

(2) かまきりは、なにを つかって 虫《むし》を つかまえて たべて いますか。○を つけましょう。
（○）かま
（　）きり

4 (1) こおろぎは、どこで くらして いますか。
（**草むら**）の 下《した》の（**じめん**）。

(2) こおろぎは、どんな いろと よく にた くろっぽい いろを して いますか。
（**じめん**）や（**かれ草**）の いろ。

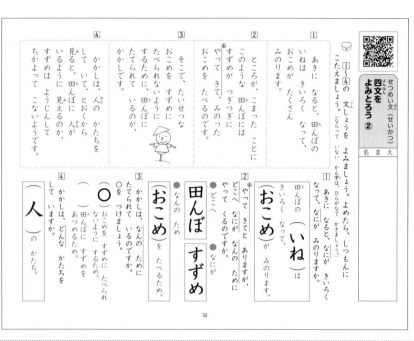

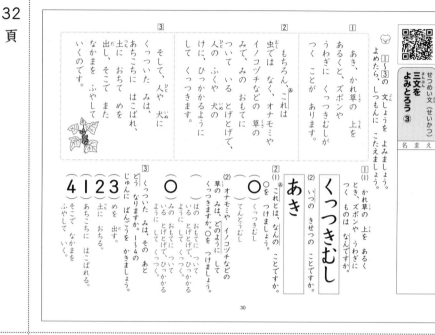

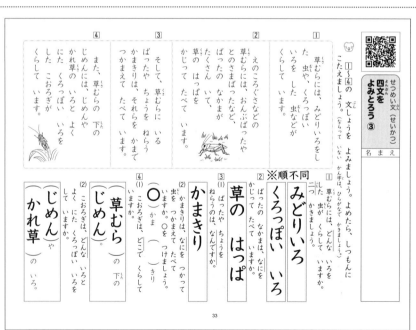

※児童に取り組ませる前に、必ず先生が問題を解いてください。本書の解答や指導にあたっては、あくまで１つの例です。児童の多様な考えに寄り添って、○つけをお願いします。

解答例

※ワークシートと解答例は、学習する児童の実態にあわせて拡大してお使いください。

34頁

おはなし
おむすび ころりん ①

名まえ

つぎの ぶんしょうを よみましょう。よめたら、しつもんに こたえましょう。

むかし むかしの
はなしだよ。
やまの はたけを
たがやして、
おなかが すいた
おじいさん。
そろそろ おむすび
たべようか。
つつみを ひろげた
その とたん、
おむすび ひとつ
ころがって、
ころころ ころりん
かけだした。

(令和六年度版 光村図書 こくご 一上 かざぐるま はそべ ただし)

(1) いつの はなしですか。
（むかし むかし）の はなし。

(2) どこの はたけですか。
（やま）の はたけ。

(3) はたけを たがやして、おなかが すいたのは だれですか。
おじいさん

(4) おじいさんは、なにを たべようと したのですか。
おむすび

(5) ころがって、かけだした おむすびは いくつですか。
ひとつ

34

35頁

おはなし
おむすび ころりん ②

名まえ

つぎの ぶんしょうを よみましょう。よめたら、しつもんに こたえましょう。

まて まて まてと
おじいさん、
おいかけて いったら
おむすびは、
はたけの すみの
あなの なか、
すっとんとんと
とびこんだ。
のぞいて みたが
まっくらで、
みみを あてたら
きこえたよ。
おむすび ころりん
すっとんとん。
ころころ ころりん
すっとんとん。

(令和六年度版 光村図書 こくご 一上 かざぐるま はそべ ただし)

(1) まて まて まてと おいかけたのは、だれですか。
おじいさん

(2) おじいさんは、なにを おいかけて いきましたか。
おむすび

(3) おむすびは、どこに すっとんとんと とびこみましたか。
（はたけ）の すみの
（あな）の なか。

(4) みみを あてたら、どんな ことばが きこえましたか。
おむすび ころりん
（すっとんとん）。
ころころ ころりん
（すっとんとん）。

35

36頁

おはなし
おむすび ころりん ③

名まえ

つぎの ぶんしょうを よみましょう。よめたら、しつもんに こたえましょう。

これは これは
おもしろい。
ふたつめ ころんと
ころがすと、
きこえる きこえる
おなじ うた。
おむすび ころりん
すっとんとん。
ころころ ころりん
すっとんとん。

おなかが すいてる
ことなんか、
わすれて しまった
おじいさん。
うたに
あわせて
おどりだす。
おむすび ころりん
すっとんとん。
ころころ ころりん
すっとんとん。

(令和六年度版 光村図書 こくご 一上 かざぐるま はそべ ただし)

(1) おじいさんが ころんと ころがしたものは、いくつめの なにですか。
（ふたつめ）の
（おむすび）。

(2) うたに あわせて おどりだしたのは、だれですか。
おじいさん

(3) きこえてきた うたを かきましょう。
おむすび （ころりん）
すっとんとん。
（ころころ） ころりん
すっとんとん。

36

37頁

おはなし
やくそく ①

名まえ

1、2の ぶんしょうを よみましょう。よめたら、しつもんに こたえましょう。

1

ある おおきな 木《き》に、
いっぴきの あおむしが
いました。
あおむしは、まいにち
木《き》の はを たべて、
からだが
ちょうに かわる
ひを まって
いました。

2

ある とき、
いつものように
はを たべて いると、
どこからか、
むしゃむしゃ
むしゃむしゃと、
おとが きこえます。
なんと、じぶんと
そっくりな
あおむしが、おなじ 木《き》で、
はを たべて います。

(令和六年度版 光村図書 こくご 一上 かざぐるま こかぜ さち)

1
(1) あおむしは、どこに いましたか。
ある おおきな （木）。

(2) あおむしが まいにち たべて いたものは なんですか。
木の は

(3) あおむしは、どんな ひを まって いましたか。○を つけましょう。
（ ）じぶんと そっくりな あおむしが あらわれる ひ。
（○）からだが ちょうに かわる ひ。

2
じぶんと そっくりな あおむしは、どんな 木《き》で、はを たべて いますか。
じぶんが はを たべて いる 木《き》と （おなじ） 木《き》。

37

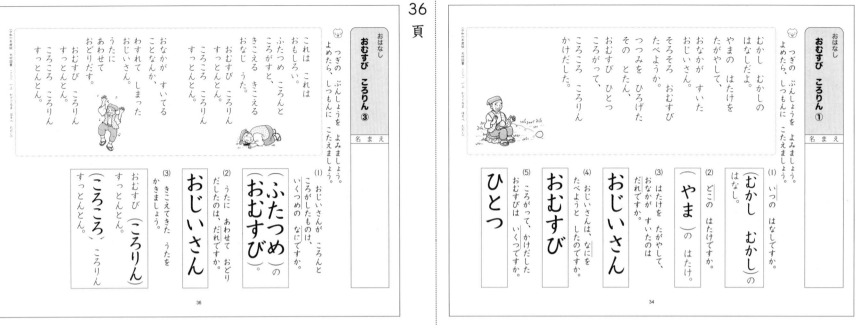

解答例

※ワークシートと解答例は、学習する児童の実態にあわせて拡大してお使いください。

38頁

おはなし

やくそく ②

名まえ

つぎの　ぶんしょうを　よみましょう。よめたら、しつもんに　こたえましょう。

「だめ　だめ。
この　木《き》は、ぼくの　木《き》。
ぼくの　はっぱ。」
あおむしが　いうと、
その　あおむしも、
いいました。
「この　木《き》は、
わたしの　木《き》。
だから、はっぱも、
わたしの　はっぱ。」

にひきが　(あ)いいあいを
(い)して　いると、
どこからか、
もりもり　もりもりと、
おとが　きこえます。
なんと、じぶんたちと
そっくりな　あおむしが、
おなじ　木《き》で、
はを　たべて　います。

（令和六年度版　光村図書　こくご　一上　かざぐるま　こかぜ　さち）

(1) (あ)いいあいを　して　いる　あおむしは、なんひきですか。○を　つけましょう。

（○）にひき
（　）さんびき

(2) (い)どこからか、きこえて　きたのは　どんな　おとですか。ぶんの　なかから　かきましょう。

もりもり　もりもり

(3) じぶんたちと　そっくりな　あおむしは、なにを　して　いますか。

おなじ　（木）で、（は）を　（たべて）います。

39頁

おはなし

たぬきの　糸車《いとぐるま》 ①

名まえ

1、2の　文《ぶん》しょうを　よみましょう。よめたら、しつもんに　こたえましょう。

1

むかし、ある　山《やま》おくに、
きこりの　ふうふが
すんで　いました。
山《やま》おくの　一《いっ》けんやなので、
まいばんのように
たぬきが　やって　きて、
いたずらを　しました。
そこで、きこりは
わなを
しかけました。

2

ある　月《つき》の
きれいな　ばんの　こと、
おかみさんは、糸車《いとぐるま》を
まわして、糸《いと》を
つむいで　いました。
キーカラカラ　キーカラカラ
キークルクル　キークルクル

※きこり…山《やま》で　木《き》を　きりだす　ことを　しごとに　して　いる　人《ひと》。
※わな…とりや　けものを　おびきよせて、つかまえる　しかけ。

（令和六年度版　光村図書　こくご　一下　ともだち　きし　なみ）

1

(1) どんな　ふうふが　すんで　いましたか。

（きこり）の　ふうふ。

(2) ふうふが　すんで　いる　一《いっ》けんやは、どこに　ありますか。

山おく

(3) まいばんの　ように　やって　くるのは、だれですか。

たぬき

(4) きこりが　わなを　しかけたのは、たぬきが　なにを　するからですか。

いたずら

2

だれが、糸車《いとぐるま》を　まわして、糸《いと》を　つむいで　いますか。

おかみさん

40頁

おはなし

たぬきの　糸車《いとぐるま》 ②

名まえ

1〜3の　文《ぶん》しょうを　よみましょう。よめたら、しつもんに　こたえましょう。

1

ふと　気《き》が　つくと、
やぶれしょうじの
あなから、二《ふた》つの
くりくりした　(あ)目玉《めだま》が、
こちらを　のぞいて
いました。

2

糸車《いとぐるま》が　キークルクルと
まわるに　つれて、二《ふた》つの
目玉《めだま》も、くるりくるりと
まわりました。
(い)そして、月《つき》の　あかるい
しょうじに、糸車《いとぐるま》を　まわす
(う)まねを　する　たぬきの
かげが　うつりました。

3

おかみさんは、
おもわず
ふきだしそうに
なりましたが、
だまって　(え)糸車《いとぐるま》を
まわして　いました。

（令和六年度版　光村図書　こくご　一下　ともだち　きし　なみ）

1

(1) なんの　あなから、(あ)目玉《めだま》が　のぞいて　いましたか。

（やぶれしょうじ）の　あな。

(2) どんな　(あ)目玉《めだま》が、こちらを　のぞいて　いましたか。

（二）つの　（くりくり）した　目玉《めだま》。

2

(1) (い)しょうじに　うつった　かげは、なにを　して　いましたか。

（糸車）を　まわす　まねを　して　いた。

(2) だれの　(う)かげが　うつりましたか。

（たぬき）の　かげ。

3

(え)糸車《いとぐるま》を　まわして　いたのは、だれですか。

おかみさん

41頁

おはなし

たぬきの　糸車《いとぐるま》 ③

名まえ

1〜3の　文《ぶん》しょうを　よみましょう。よめたら、しつもんに　こたえましょう。

1

それからと　いう　もの、
たぬきは、まいばん
まいばん　やって　きて、
糸車《いとぐるま》を　まわす　まねを
くりかえしました。

2

「(あ)いたずらもんだが、
かわいいな。」
ある　ばん、こやの
うらで、(い)キャーッと
いう　さけびごえが
しました。

3

おかみさんが　こわごわ
いって　みると、
いつもの　たぬきが、
わなに　かかって
いました。

（令和六年度版　光村図書　こくご　一下　ともだち　きし　なみ）

1

だれが、まいばん　まいばん　やって　きましたか。

たぬき

2

(あ)、(い)の　ことばや　こえは　だれの　ものですか。□から　えらんで　かきましょう。

(あ) おかみさん

(い) たぬき

たぬき　おかみさん

3

だれが、わなに　かかって　いましたか。

いつもの　（たぬき）。

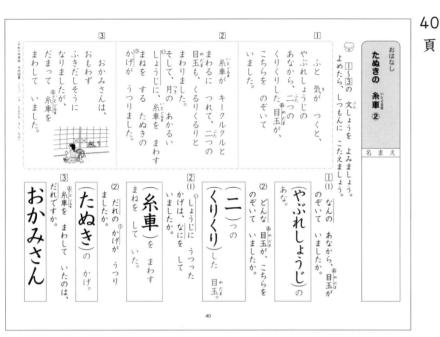

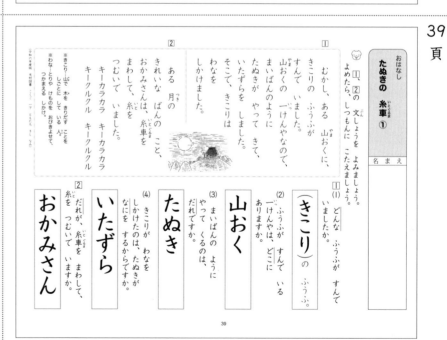

※児童に取り組ませる前に、必ず先生が問題を解いてください。本書の解答や指導にあたっては、あくまで１つの例です。児童の多様な考えに寄り添って、〇つけをお願いします。

解答例

※ワークシートと解答例は、学習する児童の実態にあわせて拡大してお使いください。

42頁

おはなし

おかゆの　おなべ　①

名まえ

□1～□3の　文《ぶん》しょうを　よみましょう。よめたら、しつもんに　こたえましょう。

□1
　ある　とき、女《おんな》の子《こ》が、森《もり》に　たべものを　さがしに　いくと、むこうから　おばあさんが　やって　きました。
「こんな　ところで、なにを　して　いるんだね。」

□2
　おばあさんに　たずねられ、女《おんな》の子《こ》は　はずかしそうに　こたえました。
「のいちごを　さがして　いるの。おかあさんと　いっしょに　たべようと　おもって。」

□3
「そうかい、そうかい。おまえ、おなかが　へって　いるんだね。それなら、これを　もって　おかえり。おなかが　すいたら、『なべさん、なべさん。にて　おくれ。』と　いえば、おかゆが　どんどん　出《で》て　くるからね。とめる　ときは、『なべさん、なべさん。とめとくれ。』って、いえば　いい。」
　そう　すりゃあ、おかゆが　出《で》なく　なるからね。」
　おばあさんは　そう　いうと、おなべを　一《ひと》つ、女《おんな》の子《こ》に　わたしました。

（令和六年度版　光村図書　こくご　一下　ともだち　さいとう　ひろし）

□1 (1) 女《おんな》の子《こ》は、たべものを　さがしに　どこに　いきましたか。

森

(2) むこうから　だれが　やって　きましたか。

おばあさん

□2 女《おんな》の子《こ》が　さがして　いた　ものは　なんですか。一《ひと》つに　〇を　つけましょう。

（　）おかゆ
（　）おなべ
（〇）のいちご

□3 おばあさんが　くれた　おなべから、出《で》て　くる　ものは　なんですか。

おかゆ

42

43頁

おはなし

おかゆの　おなべ　②

名まえ

□1、□2の　文《ぶん》しょうを　よみましょう。よめたら、しつもんに　こたえましょう。

□1
　うちに　かえると、女《おんな》の子《こ》は　おなべに　むかって、
「なべさん、なべさん。にて　おくれ。」
と　いいました。
　すると、いきなり　おなべが　ぐらぐら　にえだし、中《なか》から、うんじゃら　うんじゃら、おかゆが　出《で》て　きました。

□2
　これには、おかあさんも　大《おお》よろこびです。㋐ふたりとも、おなかが　いっぱいに　なると、女《おんな》の子《こ》は　おなべに　むかって　いいました。

「なべさん、なべさん。とめとくれ。」

　すると、おなべは　ぴたりと　とまって、おかゆは　出《で》なく　なりました。

　こんな　ふうに　して、女《おんな》の子《こ》と　おかあさんは、たべものに　こまる　ことが　なくなりました。なにしろ、おなかが　すいたら、おなべに　むかって、

「なべさん、なべさん。にて　おくれ。」

と、いいさえ　すれば　いいのですから。

（令和六年度版　光村図書　こくご　一下　ともだち　さいとう　ひろし）

□1 (1) おなべに　むかって、はなし　かけたのは　だれですか。

女の子

(2) おなべが　にえだし、中《なか》から　出《で》て　きた　ものは　なんですか。

おかゆ

□2 (1) ㋐ふたりとは、だれと　だれの　ことですか。

（女の子）と（おかあさん）。

(2) つぎの　①、②の　とき、おなべに　なんと　いいますか。□から　えらんで、□に　きごうを　かきましょう。

① おなかが　いっぱいに　なった　とき……　**㋑**

② おなかが　すいた　とき……　**㋐**

㋐「なべさん、なべさん。にて　おくれ。」
㋑「なべさん、なべさん。とめとくれ。」

43

44頁

おはなし

わらしべちょうじゃ　①

名まえ

□1、□2の　文《ぶん》しょうを　よみましょう。よめたら、しつもんに　こたえましょう。

□1
　むかし　むかし、ある　ところに、ひとりの　男《おとこ》が　いました。
　ある　日《ひ》、男《おとこ》は　ゆめの　中《なか》で　こんな　声《こえ》を　聞《き》きました。
「さいしょに　さわった　ものを、手《て》から　はなさないように　しなさい。きっと、いい　ことが　ありますよ。」

□2
　男《おとこ》は　目《め》を　さましました。
　ふしぎな　ゆめだったと　思《おも》いながら、外《そと》へ　出《で》て　歩《ある》きだした　とたん、うっかり、ころんで　しまいました。
　おき上《あ》がろうと　した　ときです。男《おとこ》の　手《て》に、一本《いっぽん》の　わらしべが　ふれました。男《おとこ》は　それを　つかみました。

※わらしべ…わらの　くず。

（令和六年度版　光村図書　こくご　一下　ともだち　はちかい　みみ）

□1 男《おとこ》は　ゆめの　中《なか》で、どんな　声《こえ》を　聞《き》きましたか。

「さいしょに（さわった　もの）を、手《て》から　はなさないように　しなさい。きっと、（いい　こと）が　ありますよ。」

□2 (1) 男《おとこ》は、どんな　ゆめだったと　思《おも》いましたか。

（ふしぎな）ゆめ。

(2) おき上《あ》がろうと　した　とき、男《おとこ》の　手《て》に　ふれた　ものは　なんですか。

一本の　わらしべ

44

45頁

おはなし

わらしべちょうじゃ　②

名まえ

□1、□2の　文《ぶん》しょうを　よみましょう。よめたら、しつもんに　こたえましょう。（ならって　いない　かん字《じ》は、ひらがなで　かきましょう。）

□1
　わらしべを　もった　まま　歩《ある》いて　いくと、あぶが　とんで　きました。
㋐ぶうん、ぶうん。
　いくら　おいはらっても、また　とんで　きます。
　男《おとこ》は　あぶを　つかまえると、わらしべに　むすびつけました。
　そして、㋑それを　もった　まま、歩《ある》きつづけました。

□2
　むこうの　方《ほう》から、男《おとこ》の子《こ》と　その　母親《ははおや》が　やって　来《き》ます。
　そばまで　来《く》ると、母親《ははおや》は、男《おとこ》に　むかって、こう　たのみました。
「子《こ》どもが、どうしても　あぶの　ついた　わらしべを　ほしいと　言《い》うのです。すみませんが、この　みかんと、㋒こうかんして　くれませんか。」
「ええ、いいですよ。どうぞ。」

（令和六年度版　光村図書　こくご　一下　ともだち　はちかい　みみ）

□1 (1) 歩《ある》いて　いくと、なにが　とんで　きましたか。

あぶ

(2) ㋐ぶうん、ぶうん。とは、なんの　おとですか。〇を　つけましょう。

（　）男《おとこ》が　歩《ある》く　おと。

（〇）あぶが　とぶ　おと。

(3) 男《おとこ》は、つかまえた　あぶを　なにに　むすびつけましたか。

わらしべ

(4) ㋑それとは、なんですか。〇を　つけましょう。

（〇）あぶを　むすびつけた　わらしべ
（　）あぶ

□2 (1) むこうの　方《ほう》から、だれと　だれが　やって　来《き》ましたか。

（男の子）と　その（母親）。

(2) ㋒母親《ははおや》は、みかんと　なにを　こうかん　してほしいと、男《おとこ》に　たのみましたか。

男《おとこ》が　もって　いる、（あぶ）の　ついた（わらしべ）。

45

※児童に取り組ませる前に、必ず先生が問題を解いてください。本書の解答や指導にあたっては、あくまで１つの例です。児童の多様な考えに寄り添って、○つけをお願いします。

解答例

※ワークシートと解答例は、学習する児童の実態にあわせて拡大してお使いください。

46頁

おはなし

わらしべちょうじゃ ③

名まえ

1～3の 文《ぶん》しょうを よみましょう。よめたら、しつもんに こたえましょう。

1

わらしべを わたすと、母親《ははおや》は、大《おお》きな みかんを 三《みっ》つ くれました。わらしべが みかんに なるなんて、㋐おれは うんが いいなあ、と 思《おも》いながら、男《おとこ》は 先《さき》へ すすみました。

2

しばらく 行《い》くと、木《き》の ねもとに、女《おんな》の人《ひと》が すわりこんで いました。

㋐「どうしたのですか。だいじょうぶですか。」

㋑「ああ、のどが かわいて、㋑少《すこ》しも 歩《ある》けないのです。水《みず》を おもちでは ないですか。」

「水《みず》は もって いませんけど、そうだ、ここに、みかんなら あります。どうぞ。」

3

女《おんな》の人《ひと》は、うなずくと、みかんを うけとりました。そして、かわを むいて、口《くち》に 入《い》れました。

（令和六年度版 光村図書 こくご 一下 ともだち はちかい みみ）

1

(1) 男《おとこ》は、母親《ははおや》に なにを わたしましたか。

わらしべ

(2) ㋐おれは うんが いいなあ、と 男《おとこ》が 思《おも》ったのは なぜですか。○を つけましょう。

（ ） みかんが わらしべに なったから。

（○） わらしべが みかんに なったから。

2

(1) だれが、木《き》の ねもとに すわりこんで いましたか。

女の人

(2) ㋐と ㋑の ことばの うち、女《おんな》の人《ひと》の ことばは どちらですか。きごうで こたえましょう。

㋑

(3) ㋑少《すこ》しも 歩《ある》けないのは、なぜですか。

のどが （かわいて） いたから。

3

女《おんな》の人《ひと》が うなずいて、うけとった ものは なんですか。

みかん

47頁

おはなし

かいがら ①

名まえ

1、2の ぶんしょうを よみましょう。よめたら、しつもんに こたえましょう。

1

くまの こが、うさぎの こに いいました。

「うみで かいがらを ひろって きたよ。」

「きれいね。みんな、ちがう いろ。」

「うさぎちゃん、どれが すき。」

「これよ。これが いちばん すき。」

2

うさぎの こは、しまもようの かいがらを さしました。

「ああ、ぼくと いっしょだ。」

くまの こも、㋐おなじ ものが いちばん すきでした。

（令和六年度版 東京書籍 新編 あたらしいこくご 一上 もりやま みやこ）

1

(1) かいがらを ひろって きたのは、だれですか。○を つけましょう。

（○） くまの こ

（ ） うさぎの こ

(2) かいがらは どんな いろを して いますか。

みんな、（ちがう） いろ。

2

(1) しまもようの かいがらを さしたのは、だれですか。

うさぎの こ（うさぎちゃん）

(2) ㋐おなじ ものとは、なんですか。ぶんの なかから かきましょう。

しまもようの（かいがら）。

48頁

おはなし

かいがら ②

名まえ

1、2の ぶんしょうを よみましょう。よめたら、しつもんに こたえましょう。

1

もし、うさぎの こが ももいろの かいがらを すきだと いったら、くまの こは、おみやげに あげる つもりでした。

2

ももいろの かいがらは、二《に》ばんめに きに いって いた ものなのです。

くまの こは、どう しようかと おもいました。

（令和六年度版 東京書籍 新編 あたらしいこくご 一上 もりやま みやこ）

1

(1) くまの こは、だれに おみやげを あげる つもりでしたか。

うさぎの こ

(2) くまの こが おみやげに あげようと した ものは、なんですか。

（ももいろ）の かいがら。

(3) くまの こは、どんな ときに おみやげを あげる つもりでしたか。○を つけましょう。

（○） うさぎの こが ももいろの かいがらを すきだと いった とき。

（ ） うさぎの こが くまの こを すきだと いった とき。

2

ももいろの かいがらを 二《に》ばんめに きに いって いたのは、だれですか。○を つけましょう。

（○） くまの こ

（ ） うさぎの こ

49頁

おはなし

かいがら ③

名まえ

1、2の ぶんしょうを よみましょう。よめたら、しつもんに こたえましょう。

1

そして、かいがらを そっと しまって、うちへ かえりました。

その よる、くまの こは、いっしょうけんめい かんがえました。

2

つぎの ひ、くまの こは、しまもようの かいがらを もって、うさぎの この ところへ いきました。

（令和六年度版 東京書籍 新編 あたらしいこくご 一上 もりやま みやこ）

1

(1) くまの こが そっと しまった ものは、なんでしたか。

かいがら

(2) いっしょうけんめい かんがえたのは、だれですか。

くまの こ

2

(1) つぎの ひ、くまの こは、なにを もって でかけましたか。

（しまもよう）の かいがら。

(2) くまの こは、だれの ところへ いきましたか。

（うさぎの こ）の ところ。

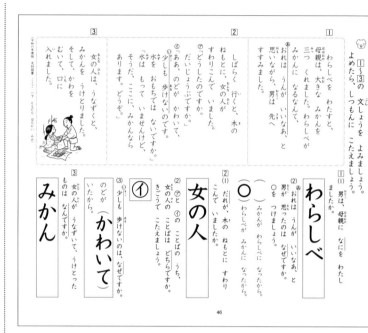

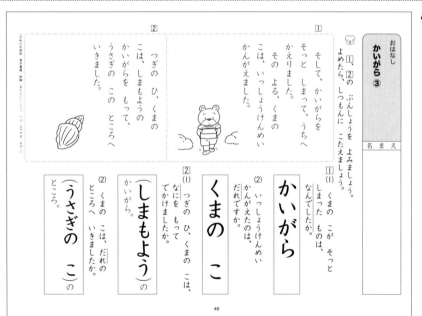

※児童に取り組ませる前に、必ず先生が問題を解いてください。本書の解答や指導にあたっては、あくまで１つの例です。児童の多様な考えに寄り添って、○つけをお願いします。

解答例

※ワークシートと解答例は、学習する児童の実態にあわせて拡大してお使いください。

50頁

おはなし
おとうとねずみ　チロ　①

名まえ

1、2の　文《ぶん》しょうを　よみましょう。よめたら、しつもんに　こたえましょう。

1
ある　日《ひ》、三《さん》びきの　ねずみの　きょうだいの　ところへ、おばあちゃんから　手《て》がみが　とどきました。
それには、こんな　ことが　かいて　ありました。

2
あたらしい　けいとで、おまえたちの　チョッキを　あんで　います。けいとの　いろは、赤《あか》と　青《あお》です。もう　すぐ　あみあがります。たのしみに　まって　いて　ください。

（令和六年度版　東京書籍　新編　あたらしいこくご　一下　もりやま　みやこ）

1
(1) 三《さん》びきの　ねずみの　きょうだいの　ところへ　なにが　とどきましたか。
手がみ

(2) だれから　とどきましたか。
おばあちゃん

2
(1) おばあちゃんが　けいとで　あんで　いる　ものは、なんですか。
おまえたちの（チョッキ）。

(2) けいとの　いろは、なにいろですか。
※順不同
（赤）と（青）。

50

51頁

おはなし
おとうとねずみ　チロ　②

名まえ

1、2の　文《ぶん》しょうを　よみましょう。よめたら、しつもんに　こたえましょう。

1
［おばあちゃんから　手《て》がみが　とどきました。手がみには「あたらしい　けいとで　おまえたちの　チョッキを　あんで　います。いろは　赤《あか》と　青《あお》です。」と　かいて　ありました。］

さあ、三《さん》びきは　大《おお》よろこび。
あ「ぼくは　赤《あか》が　いいな。」
にいさんねずみが　いいました。
い「わたしは　青《あお》が　すき。」
ねえさんねずみが　いいました。
う「ぼくは　赤《あか》と　青《あお》。」
おとうとねずみが　いいました。

2
「チロのは　ないよ。」

にいさんねずみが　いいました。

チロと　いうのは、おとうと　ねずみの　名《な》まえです。

「そうよ。青《あお》いのと　赤《あか》いの　だけよ。」

ねえさんねずみが　いいました。

「そんな　こと　ないよ。ぼくのも　あるよ。」

チロは、あわてて　いいかえしましたが、ほんとうは、
え　とても　しんぱいでした。

（令和六年度版　東京書籍　新編　あたらしいこくご　一下　もりやま　みやこ）

1
あ、い、うは、だれが　いった　ことばですか。
あ（にいさん）ねずみ
い（ねえさん）ねずみ
う（おとうと）ねずみ

2
(1) おとうとねずみの　名《な》まえは、なんと　いいますか。
チロ

(2) チロは、どんな　ことが　えとても　しんぱいでしたか。一《ひと》つに　○を　つけましょう。
（○）ぼくの　チョッキは　ないかもしれない　こと。

（　）赤《あか》い　チョッキは　ないかもしれない　こと。

（　）青《あお》い　チョッキは　ないかもしれない　こと。

51

52頁

おはなし
おとうとねずみ　チロ　③

名まえ

1、2の　文《ぶん》しょうを　よみましょう。よめたら、しつもんに　こたえましょう。

1
［おとうとねずみの　チロは、とても　しんぱいでした。］

もしかすると、おばあちゃんは、いちばん　小《ちい》さい　チロの　ことを　わすれて　しまったのかも　しれません。

「そうだったら、どう　しよう。」

2
にいさんねずみや　ねえさん　ねずみと　ちがって、チロは、まだ　字《じ》が　かけません。

だから、手《て》がみで　おばあちゃんに　たのむ　ことも　できないのです。

「そうだ、いい　こと　かんがえた。」

チロは、そとへ　とび出《だ》して　いきました。

（令和六年度版　東京書籍　新編　あたらしいこくご　一下　もりやま　みやこ）

1
だれが　だれの　ことを　わすれて　しまったのかも　しれないと　チロは　おもって　いますか。
● だれが
（おばあちゃん）が
● だれの　ことを
いちばん　小《ちい》さい（チロ）の　ことを

2
(1) チロが　手《て》がみで　おばあちゃんに　たのむ　ことが　できないのは、なぜですか。○を　つけましょう。
（　）チロは、いちばん　小《ちい》さいから。

（○）チロは、まだ　字《じ》が　かけないから。

(2) だれが　そとへ　とび出《だ》して　いきましたか。
チロ

52

53頁

おはなし
花《はな》さかじいさん　①

名まえ

1、2の　文《ぶん》しょうを　よみましょう。よめたら、しつもんに　こたえましょう。

1
むかしむかし、ある　ところに、はたらきものの　じいさまと　ばあさまが、
あ　ふたりっきりで　くらして　おった。

2
ある　日《ひ》の　こと、ばあさまが　川《かわ》で　せんたくを　して　いると、くろぬりの　りっぱな　はこが、ぷかりぷかりと　ながれて　きた。
「おや　まあ、ふしぎな　ことが　ある　もんじゃ。」
ばあさまが　はこを　ひろい上《あ》げて　みると、なんと、まっ白《しろ》な　子犬《こいぬ》が　一《いっ》ぴき、入《はい》って　おった。

（令和六年度版　東京書籍　新編　あたらしいこくご　一下　いしざき　ひろし）

1
あ　ふたりっきりとは、だれと　だれの　ことですか。
（じいさま）と（ばあさま）。

2
(1) ある日《ひ》、ばあさまは　川《かわ》で　なにを　して　いましたか。
せんたく

(2) ぷかりぷかりと　ながれて　きた　ものは、どんな　ものですか。
（くろ）ぬりの（りっぱ）な（はこ）。

(3) ばあさまが　はこを　ひろい上《あ》げて　みると、中《なか》には　なにが　入《はい》って　いましたか。
（子犬）が（一）ぴき。

53

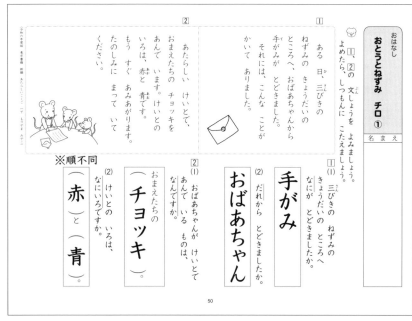

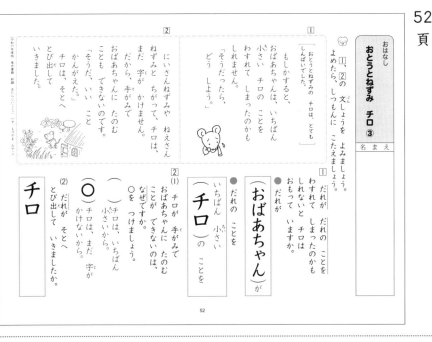

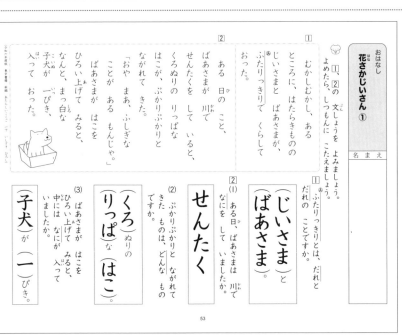

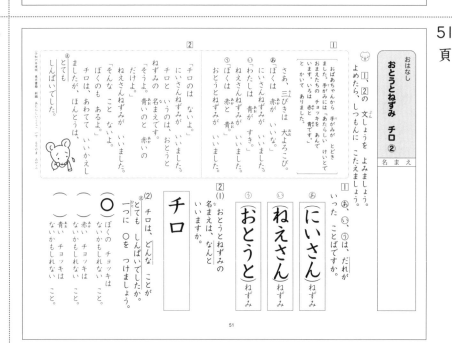

※児童に取り組ませる前に、必ず先生が問題を解いてください。本書の解答や指導にあたっては、あくまで１つの例です。児童の多様な考えに寄り添って、〇つけをお願いします。

解答例

※ワークシートと解答例は、学習する児童の実態にあわせて拡大してお使いください。

54 頁

おはなし
花《はな》さかじいさん ②

名まえ

1、2の 文《ぶん》しょうを よみましょう。よめたら、しつもんに こたえましょう。

1
ある 日《ひ》の こと、じいさまが 山《やま》へ しばかりに いこうと すると、
「おらの せなかに、のっとくれ。」
口《くち》を きいた シロに、じいさまは びっくりぎょうてん。
「なにを いう。かわいい おまえに のれるもんか。」
「いいから、いいから。」
シロは、むりに じいさまを のせると、ずんがずんが 山《やま》を のぼって いった。

2
しばらく あるくと、シロは きゅうに 立《た》ちどまった。
「ここだ、ここだ。ここ ほれ、わんわん。」
じいさまが、いわれた とおり、ほって みると、
「なんと まあ、おどろいた。」
土《つち》の 中《なか》で、大《おお》ばん 小《こ》ばんが、きんきん きらきら、かがやいて おる。

※しばかり…山《やま》や のはらに はえて いる 小《ち》さな えだを きって とる こと。

（令和六年度版 東京書籍 新編 あたらしいこくご 一下 いしざき ひろし）

1
(1) じいさまは 山《やま》へ なにを しに いこうと しましたか。
（しばかり）
(2) あ おらの せなかに ついて こたえましょう。
① 「おら」とは、だれの ことですか。
（シロ）
② せなかに のったのは、だれですか。
（じいさま）
(3) シロは、ずんがずんが どこを のぼって いきましたか。
（山）

2
土《つち》の 中《なか》で、きんきん きらきら、かがやいて いたものは なんですか。
（大ばん 小ばん）

55 頁

おはなし
花《はな》さかじいさん ③

名まえ

1、2の 文《ぶん》しょうを よみましょう。よめたら、しつもんに こたえましょう。

1
つぎの 日《ひ》。
「そろそろ、うすを かえして もらえんかのう。」
はたらきものの じいさまと ばあさまが たずねると、なまけものの じいさまが いった。
「ふん、あんな きたない ものを 出《だ》す うすは、もやして しまったわい。」

2
あ ふたりは、かまどの はいを すくって、おいおい ないた。
「おじいさん、この はい、もって かえりましょう。」
「そうだな。うちの はたけに まいて やろう。」

※かまど…下《した》で 火《ひ》を たき、上《うえ》に なべを のせて、りょうりを する ところ。
※はい…ものが もえた あとに のこる、こなの ような もの。

（令和六年度版 東京書籍 新編 あたらしいこくご 一下 いしざき ひろし）

1
(1) はたらきものの じいさまと ばあさまは、なまけものの じいさまに なにを たずねましたか。
（〇）うすを かえして もらえないか。
（　）うすを うまく つかえたか。
(2) なまけものの じいさまは、なにを もやして しまったと いいましたか。
（うす）

2
(1) あ ふたりとは だれですか。〇を つけましょう。
（　）はたらきものの じいさまと、なまけものの じいさま
（〇）はたらきものの じいさまと ばあさま
(2) ふたりは、はいを もって かえって、うちの どこに まいて やろうと おもいましたか。
うちの（はたけ）。

56 頁

おはなし
花《はな》さかじいさん ④

名まえ

1、2の 文《ぶん》しょうを よみましょう。よめたら、しつもんに こたえましょう。

1
じいさまと ばあさまが、はいを あつめて、もって かえろうと した とき、ぴゅうっと かぜが ふいて、はいが まい上《あ》がった。

2
すると、かれ木《き》に、つぎつぎと 花《はな》が さいて いった。
じいさまと ばあさまは びっくりぎょうてん。
「そうれ、花《はな》 さけ、もっと さけ。」
じいさまが、はいを どんどん まくと、花《はな》も どんどん さいて いく。
あっというまに、あたり 一《いち》めん、花《はな》ざかり。

（令和六年度版 東京書籍 新編 あたらしいこくご 一下 いしざき ひろし）

1
(1) じいさまと ばあさまは、なにを あつめて、もって かえろうと しましたか。
（はい）
(2) はいが まい上《あ》がったのは、なぜですか。
（かぜ）が ふいたから。

2
(1) 花《はな》は、つぎつぎと どこに さいて いきましたか。
（かれ木）
(2) じいさまが、はいを どんどん まくと、花《はな》も どんどん さいて いき、あっというまに、どう なりましたか。
あたり 一《いち》めん、（花ざかり）。

57 頁

おはなし
サラダで げんき ①

名まえ

1～3の 文《ぶん》しょうを よみましょう。よめたら、しつもんに こたえましょう。

1
りっちゃんは、おかあさんが びょうきなので、なにか いい ことを して あげたいと おもいました。

2
「かたを たたいて あげようかな。なぞなぞごっこを して あげようかな。くすぐって、わらわせて あげようかな。でも、もっと もっと いい ことは ないかしら。おかあさんが、たちまち げんきに なって しまう ような こと。」
りっちゃんは、いっしょう けんめい かんがえました。

3
「あっ、そうだわ。おいしい サラダを つくって あげよう。げんきに なる サラダを つくって あげよう。」

（令和六年度版 東京書籍 新編 あたらしいこくご 一下 かどの えいこ）

1
(1) だれが びょうきなのですか。
（おかあさん）
(2) なにか いい ことを して あげたいと おもったのは、だれですか。
（りっちゃん）

2
りっちゃんが、いっしょう けんめい かんがえたのは どんな ことですか。
（おかあさん）が、たちまち （げんき）に なって しまうような こと。

3
りっちゃんが おもいついた ことは なんですか。一《ひと》つに 〇を つけましょう。
（　）かたを たたいて あげよう。
（〇）おいしい、げんきに なる サラダを つくって あげよう。
（　）なぞなぞごっこを して あげよう。

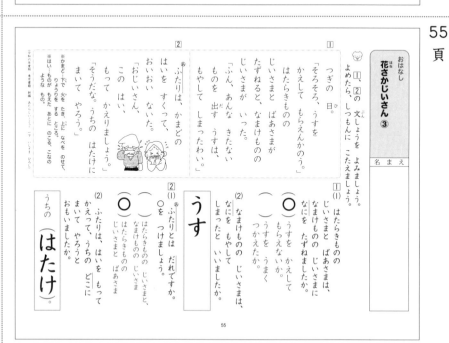

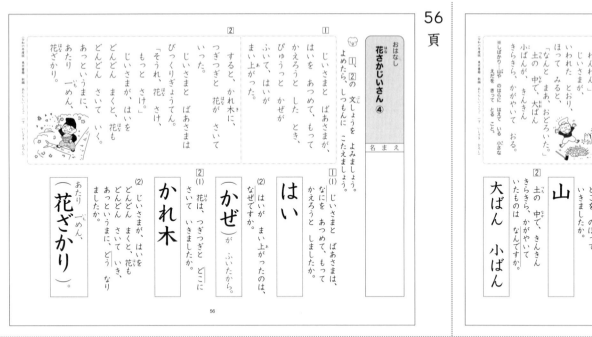

※児童に取り組ませる前に、必ず先生が問題を解いてください。本書の解答や指導にあたっては、あくまで１つの例です。児童の多様な考えに寄り添って、○つけをお願いします。

解答例

※ワークシートと解答例は、学習する児童の実態にあわせて拡大してお使いください。

58頁

おはなし

サラダで　げんき ②

名まえ

１、２の　文《ぶん》しょうを　よみましょう。よめたら、しつもんに　こたえましょう。

１

まどに　すずめが　とんで
きて　いいました。
「チュッ、チュッ。
とうもろこし　入《い》れなきゃ、
げんきに　なれない。
うたも　じょうずに
なれない。チュッ、チュッ、チュッ。
チュピ、チュピ、チュピ、チュ。」
Ⓐ「まあ、ありがとう。
チュピ、チュピ、チュピ、チュ。」
りっちゃんは、サラダに
ゆでた　とうもろこしを
入《い》れました。

２

すると、こそこそと、
小《ち》さな　おとが
しました。
「あら、だれかしら。」
「ぼく、ぼくですよ。」
ありが　ずらりと
ならんで　いました。
「サラダには　おさとうを
ちょっぴり。Ⓑこれが　こつ。
おかげで、ありは　いつも
はたらきものさ。」

１
(1) すずめは　なにを
入《い》れなきゃ　げんきに
なれないと　いいましたか。

とうもろこし

(2) Ⓐまあ、ありがとうとは、
だれの　ことばですか。

りっちゃん

２
(1) こそこそと、小《ち》さな
おとを　たてたのは
だれでしたか。

あり

(2) Ⓑこれとは、なんの　こと
ですか。一《ひと》つに　○を
つけましょう。

(○) サラダには　おさとうを
ちょっぴり。

(　) おかげで、ありは　いつも
はたらきもの。

(　) ありが　ずらりと
ならんで　いる。

58

（令和六年度版　東京書籍　新編　あたらしいこくご　一下　かどの　えいこ）

59頁

おはなし

サラダで　げんき ③

名まえ

１、２の　文《ぶん》しょうを　よみましょう。よめたら、しつもんに　こたえましょう。

１

「サラダには　うみの　こんぶ
入《い》れろ、かぜ　ひかぬ、
いつも　げんき。
ほっきょくかい
白《しろ》くまより。」
りっちゃんは、
こえを　出《だ》して
Ⓐでんぽうを　よむと、
こんぶを　きって、
サラダに
入《い》れました。

２

「さあ、Ⓑこれで　できあがり。」
「おかあさん、サラダが
できましたよ。いっしょに
いただきましょう。」
りっちゃんは、大《おお》きな　こえで
いいました。

１
(1) サラダには、なにを　入《い》れろと
でんぽうに　かいて　ありましたか。

(うみ)の　こんぶ。

(2) Ⓐでんぽうは、どこの
だれから　とどきましたか。

●どこの
(ほっきょくかい)の
●だれから
(白くま)より

(3) Ⓐでんぽうを　よんだのは、
だれですか。

りっちゃん

２
(1) Ⓑこれとは、どんな　こと
ですか。○を　つけましょう。

(　) こえを　出《だ》して
でんぽうを　よんだこと。

(○) こんぶを　きって、
サラダに　入《い》れたこと。

(2) りっちゃんは、なにが
できたと　いいましたか。

サラダ

59

（令和六年度版　東京書籍　新編　あたらしいこくご　一下　かどの　えいこ）

60頁

おはなし

サラダで　げんき ④

名まえ

１、２の　文《ぶん》しょうを　よみましょう。よめたら、しつもんに　こたえましょう。

１

［とつぜん、ひこうきが　とんで　きて
とまると、アフリカぞうが　おりて
きました。］

アフリカぞうは、サラダに
あぶらと　しおと　すを
かけると、スプーンを
はなで　にぎって、
力《ちから》づよく
くりん　くりんと
まぜました。

２

「おかあさん、さあ、
いっしょに　サラダを
いただきましょ。」
と、りっちゃんは　いいました。
りっちゃんの
おかあさんは、
サラダを　たべて、
たちまち　げんきに
なりました。

１
(1) サラダに　かけた　ものを
三《みっ》つ　かきましょう。

※順不同

あぶら　しお　す

(2) だれが　サラダを
力《ちから》づよく　まぜましたか。

アフリカぞう

(3) アフリカぞうは、
スプーンを　なにで
にぎって　まぜましたか。

はな

２
(1) りっちゃんは、おかあさんに
なんと　いいましたか。

「いっしょに　(サラダ)を
いただきましょ。」

(2) おかあさんは、サラダを
たべて、どう　なりましたか。

たちまち　(げんき)に
なりました。

60

（令和六年度版　東京書籍　新編　あたらしいこくご　一下　かどの　えいこ）

61頁

おはなし（一《いち》ねんせいの　ほんだな）

はじめて　よんだ　ほん

名まえ

１～３の　文《ぶん》しょうを　よみましょう。よめたら、しつもんに　こたえましょう。

１

一《いち》ねんせいに　なった　とき、
わたしは　一《いち》ねんせいに
なったのだから、じぶんで
ほんを　よんで　みようと
おもいました。

２

ある　とっても　いい
おてんきの　ひ、ろうかに
たって、きをつけを　して、
ぴんと　まえに　のばした
てに　ほんを　もって、
よみはじめました。
それは　ももたろうさんの
おはなしでした。

３

はじめに、Ⓐわたしは　大《おお》きな
こえで　こう　いいました。
「一《いち》ねん　二《に》くみ
かどの　えいこ
『ももたろうさん』を
よみます。」
だれも　きいて　いないの
です。きいて　いたのは
にわの　まつの　木《き》と、
つつじの　はなぐらいでした。

１
わたしは　一《いち》ねんせいに　なった
とき、なにを　して　みようと
おもいましたか。

じぶんで　(ほん)を
(よんで)　みようと
おもいました。

２
じぶんで　ほんを　よんで
みたのは、どんな　おてんきの
ひでしたか。

とっても　(いい
おてんき)の　ひ。

３
(1) Ⓐわたしとは、だれですか。
○を　つけましょう。

(　) ももたろう

(○) かどの　えいこ

(2) よみはじめた　おはなしの
だいめいを　かきましょう。

ももたろうさん

(3) わたしが　大《おお》きな　こえで
いった　ことを　いえの　人《ひと》は
だれか　きいて　いましたか。
○を　つけましょう。

(　) だれか　きいて　いた。

(○) だれも　きいて　いない。

61

（令和六年度版　東京書籍　新編　あたらしいこくご　一下　かどの　えいこ）

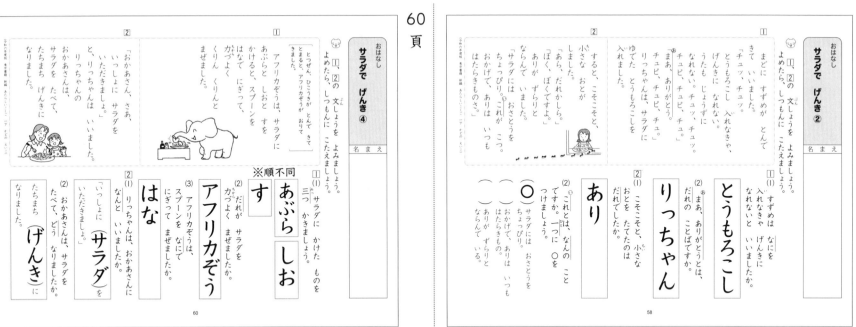

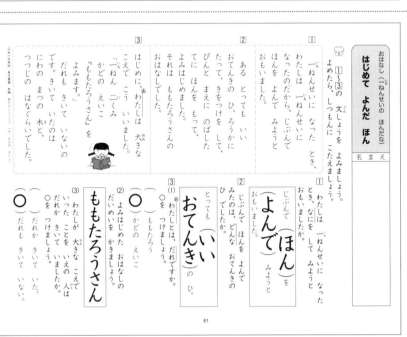

解答例

※ワークシートと解答例は、学習する児童の実態にあわせて拡大してお使いください。

62頁

うた《うた》にあわせて
あいうえお

名まえ

①～⑤の うたを よみましょう。よめたら、しつもんに こたえましょう。

うたに あわせて あいうえお

① あかるい あさひだ
あいうえお

② いい こと いろいろ
あいうえお

③ うたごえ うきうき
あいうえお

④ えがおで えんそく
あいうえお

⑤ おいしい おむすび
あいうえお

（令和六年度版　光村図書　こくご　一上　かざぐるま　「うたに　あわせて　あいうえお」による）

① どんな あさひですか。

あかるい　あさひ

② どんな ことが いろいろ あるのですか。

いい　こと

③ なにが うきうき して いますか。

うたごえ

④ どんな かおで えんそくに いきますか。

えがお

⑤ おいしい たべものは なんですか。

おむすび

63頁

し

あさの　おひさま

名まえ

つぎの しを よみましょう。よめたら、しつもんに こたえましょう。

あさの　おひさま

あさの　おひさま
おおきいな
のっこり　うみから
おきだした
あさの　おひさま
あかい　かお
ざぶんと　うみで
あらったよ

(1) おひさまに ついて、ただしい ものに ひとつ ○を つけましょう。

（○）あさの　おひさま
（　）ひるの　おひさま
（　）よるの　おひさま

(2) おひさまは どこから おきだしましたか。

うみ　から

(3) おひさまは どんな かおを して いますか。

あかい　かお

(4) おひさまは、どこで かおを あらいましたか。

うみ　て　あらったよ

64頁

し

いちねんせいの　うた

名まえ

つぎの しを よみましょう。よめたら、しつもんに こたえましょう。

いちねんせいの　うた

あおい　そらの　こくばんに
なに　かこう
うでを　のばし
ちからを　こめて
まっすぐ
いちねんせいの　一《いち》
ぼくも　かく
わたしも　かく
いちねんせいが　かく
いちばん　はじめの　一《いち》
一《いち》
おひさま　みてる
かぜが　ふく

（令和六年度版　光村図書　こくご　一上　かざぐるま　なかがわ　りえこ）

(1) あおい そらを なんだと いって いますか。

こくばん

(2) どのように かきますか。

（**うで**）を　のばし
（**ちから**）を　こめて
（**まっすぐ**）
いちねんせいの　一《いち》

(3) どんな もじを かき ますか。○を つけましょう。

（○）一《いち》
（　）い

65頁

ことばを　たのしもう

ぞうさんの　ぼうし

名まえ

つぎの しを よみましょう。よめたら、しつもんに こたえましょう。

ぞうさんの　ぼうし

ざじずぜぞうさん
ざくろの　えだに
がぎぐげごつんと
ぶつかって
だぢづでどしんと
でんぐりがえり
ばびぶべぼうし
ぱぴぷぺぽんと
ふっとんだ

(1) ぼうしは、だれの ものですか。

ぞうさん

(2) ぞうさんは、なにに がぎぐげごつんと ぶつかりましたか。

（**ざくろ**）の（**えだ**）。

(3) ぞうさんは、だぢづでどしんと なにを しましたか。

でんぐりがえり

(4) ぱぴぷぺぽんと ふっとんだ ものは、なんですか。

ぼうし

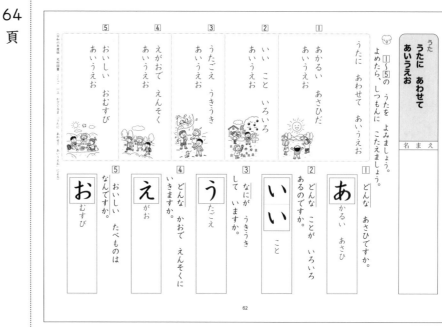

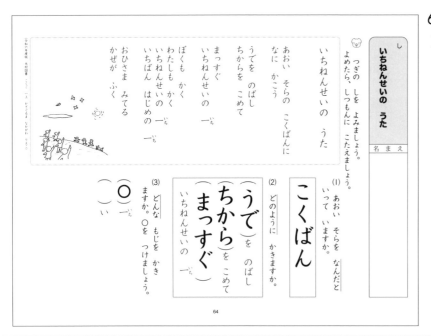

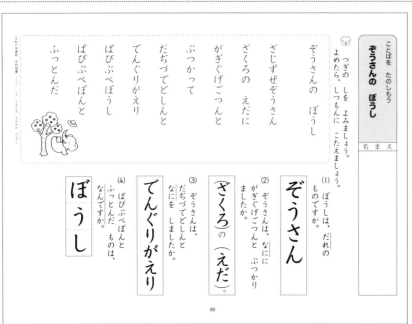

※児童に取り組ませる前に、必ず先生が問題を解いてください。本書の解答や指導にあたっては、あくまで１つの例です。児童の多様な考えに寄り添って、○つけをお願いします。

解答例

※ワークシートと解答例は、学習する児童の実態にあわせて拡大してお使いください。

66頁

し

あひるの　あくび

名まえ

つぎの　しを　よみましょう。よめたら、しつもんに　こたえましょう。

あひるの　あくび

まき　さちお

あひるの　あくびは　あいうえお
かえるが　かけっこ　かきくけこ
さるくん　さかだち　さしすせそ
たぬきが　たこあげ　たちつてと
なまずが　なかよく　なにぬねの
はちさん　はらっぱ　はひふへほ
まりちゃん　まりつき　まみむめも
やぎさん　やまみち　やいゆえよ
らくだで　らくらく　らりるれろ
わにさん　わなげだ　わいうえを
ん

（令和六年度版　東京書籍　新編　あたらしいこくご　一上　まき　さちお）

(1) かえるは、なにを　して　いますか。

かけっこ

(2) さるくんは、なにを　して　いますか。

さかだち

(3) たこあげを　して　いるのは、だれですか。

たぬき

(4) はちさんは、どこに　いますか。

はらっぱ

(5) まりちゃんは、なにを　して　いますか。

まりつき

(6) わなげを　して　いるのは　だれですか。

わにさん

67頁

し

あるけ　あるけ

名まえ

つぎの　しを　よみましょう。

1

あるけ　あるけ

つるみ　まさお

どこどん　どこどん
あるけ　あるけ
ちきゅうの　たいこ
みんなの　あしで
たたいて　あるけ
そら
どこどん　どこどん
あるけ

2

どこどん　どこどん
あるけ　あるけ
ちきゅうの　うらで
だれかの　あしも
たたいて　いるよ
ほら
どこどん　どこどん
あるけ

（令和六年度版　東京書籍　新編　あたらしいこくご　一上　つるみ　まさお）

1の　ところを　よんで　こたえましょう。

(1) この　しの　だいめいを　かきましょう。

あるけ　あるけ

(2) どんな　おとを　たてて　あるけと　かいて　ありますか。

どこどん　どこどん

(3) なんの　たいこを　たたいて　あるくのですか。

（ちきゅう）の　たいこ。

(4) たいこは、なにで　たたきますか。

みんなの　（あし）。

2の　ところを　よんで　こたえましょう。

だれかの　あしは、どこで　たたいて　いますか。

ちきゅうの　（うら）。

68頁

ことばあそびうた　たべもの①

名まえ

つぎの　ことばあそびうたを　よみましょう。よめたら、しつもんに　こたえましょう。（「たべもの」という　うたの　はじめの　はんぶんです。）

たべもの

なかえ　としお

もこもこ　さといも
ほこほこ　さつまいも
はりはり　だいこん
ぱりぱり　たくあん
ぽりぽり　きゅうり
かりかり　らっきょう
つるつる　うどん
くるんくるん　こんにゃく

（令和六年度版　東京書籍　新編　あたらしいこくご　一上　なかえ　としお）

(1) もこもこ　して　いる　たべものは、なんですか。

さといも

(2) ほこほこ　して　いる　たべものは、なんですか。

さつまいも

(3) たくあんを　たべると、どんな　おとが　しますか。

ぱりぱり

(4) らっきょうを　たべると、どんな　おとが　しますか。

かりかり

(5) つるつる　して　いる　たべものは、なんですか。

うどん

69頁

ことばあそびうた　たべもの②

名まえ

つぎの　ことばあそびうたを　よみましょう。よめたら、しつもんに　こたえましょう。（「たべもの」という　うたの　うしろの　はんぶんです。）

ぷよぷよ　とうふ
ぬるり　わかめ
しこしこ　たこ
しゃきしゃき　はくさい
こりこり　こうめ
ぷりんぷりんの　とまと
がすがす　なし
ひりひり　しょうが
ぴんぴんした　たい
あつあつの　ふろふきだいこん
ほかほかの　ごはん

（令和六年度版　東京書籍　新編　あたらしいこくご　一上　なかえ　としお）

(1) ぷよぷよ　して　いる　たべものは、なんですか。

とうふ

(2) しゃきしゃき　して　いる　たべものは、なんですか。

はくさい

(3) しょうがを　たべると、どう　なりますか。

ひりひり

(4) ぴんぴん　して　いる　たべものは、なんですか。

たい

(5) ほかほかの　たべものは、なんですか。

ごはん

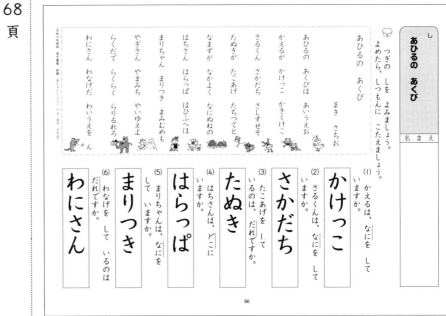

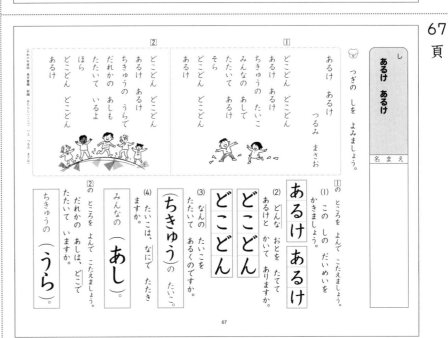

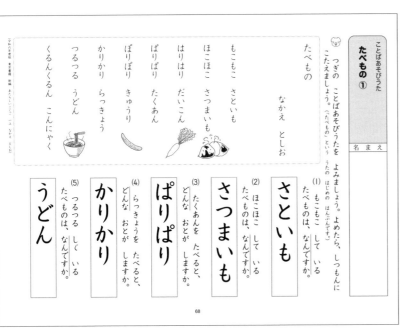

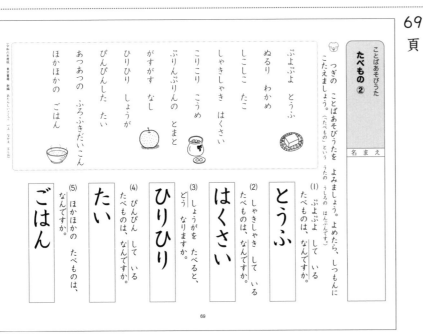

※児童に取り組ませる前に、必ず先生が問題を解いてください。本書の解答や指導にあたっては、あくまで１つの例です。児童の多様な考えに寄り添って、○つけをお願いします。

解答例

※ワークシートと解答例は、学習する児童の実態にあわせて拡大してお使いください。

70頁

し
みみずの たいそう

名まえ

つぎの しを よみましょう。

1

みみずの たいそう
かんざわ としこ

つちの なかから とびだして
みみずの たいそう
ぴん ぴこ ぴん
もつれて のびて
もつれて のびて
そら げんきよく
ぴん ぴこ ぴん

2

あさの くうきを
いっぱい すって
みみずの たいそう
ぴん ぴこ ぴん
はりきり はじけて
はねすぎて
ちきゅうの そとへ
ぴん ぴこ
ぴいん

（令和六年度版 東京書籍 新編 あたらしいこくご 一下 かんざわ としこ）

1の ところを よんで こたえましょう。

(1) つちの なかから とびだして だれが なにを して いますか。

（みみず）が（たいそう）を して いる。

(2) みみずが げんきよく うごく ようすを どんな ことばで あらわして いますか。

ぴん ぴこ ぴん

2の ところを よんで こたえましょう。

(1) なにを いっぱい すって いますか。

あさの（くうき）。

(2) はねすぎて、みみずは どこへ いくと かいて ありますか。

ちきゅうの（そと）へ。

(3) はねすぎた ようすを どんな ことばで あらわして いますか。

ぴん ぴこ ぴいん

70

71頁

せつめいぶん
つぼみ ①

名まえ

つぎの ぶんしょうを よみましょう。よめたら、しつもんに こたえましょう。

さきが ねじれた つぼみです。
㋐これは、なんの つぼみでしょう。

これは、あさがおの つぼみです。
ねじれた ところが ほどけて、だんだんと ひろがって いきます。
そして、まるい はなが さきます。

（令和六年度版 光村図書 こくご 一上 かざぐるま かわきた あつし）

(1) どんな つぼみですか。

（さき）が（ねじれた）つぼみ。

(2) ㋐これは、なんの つぼみですか。

（あさがお）の つぼみ。

(3) ねじれた ところが ほどけて、だんだんと どう なって いきますか。○を つけましょう。

（○）ひろがって いきます。
（　）ねじれて いきます。

(4) どんな かたちの はなが さきますか。

（まるい）はな。

71

72頁

せつめいぶん
つぼみ ②

名まえ

つぎの ぶんしょうを よみましょう。よめたら、しつもんに こたえましょう。

おおきく ふくらんだ つぼみです。
㋐これは、なんの つぼみでしょう。

これは、はすの つぼみです。
いちまい いちまい いちまいの はなびらが、はなれて いきます。
そして、㋑さまざまな ほうこうに ひろがって、はなが さきます。

（令和六年度版 光村図書 こくご 一上 かざぐるま かわきた あつし）

(1) どんな つぼみですか。

おおきく（ふくらんだ）つぼみ。

(2) ㋐これは、なんの つぼみですか。

（はす）の つぼみ。

(3) いちまい いちまい、はなれて いくのは なんですか。

はなびら

(4) ㋑さまざまな ほうこうに ひろがって、はなが さきます とは、どう いう ことですか。○を つけましょう。

（　）はなびらが みんな おなじ むきに ひろがって、はなが さきます。
（○）はなびらが じゆうに いろいろな むきに ひろがって、はなが さきます。

72

73頁

せつめいぶん
うみの かくれんぼ ①

名まえ

つぎの ぶんしょうを よみましょう。よめたら、しつもんに こたえましょう。

はまぐりが、すなの なかに かくれて います。
はまぐりは、大《おお》きくて つよい あしを もって います。
すなの なかに あしを のばして、すばやく もぐって かくれます。

（令和六年度版 光村図書 こくご 一上 かざぐるま「うみの かくれんぼ」による）

(1) なんの いきものが、かくれて いますか。

はまぐり

(2) はまぐりは、どこに かくれて いますか。

（すな）の なか。

(3) はまぐりは、どんな あしを もって いますか。

大《おお》きくて（つよい）あし。

(4) もぐって かくれる とき、すなの なかに なにを のばしますか。

あし

73

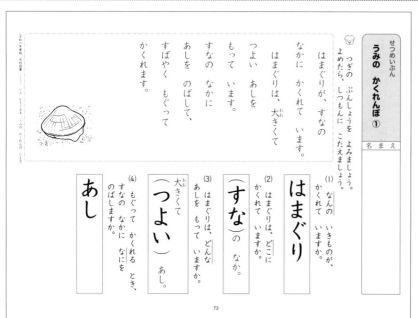

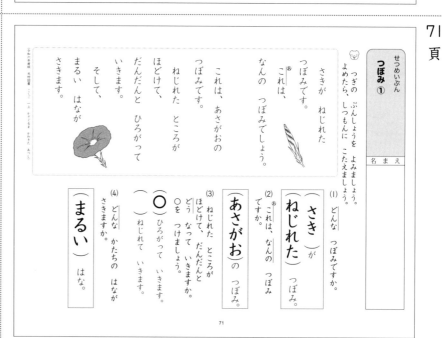

解答例

※ワークシートと解答例は、学習する児童の実態にあわせて拡大してお使いください。

※児童に取り組ませる前に、必ず先生が問題を解いてください。本書の解答や指導にあたっては、あくまで１つの例です。児童の多様な考えに寄り添って、○つけをお願いします。

74頁

せつめいぶん

うみの　かくれんぼ ②

名まえ

つぎの　ぶんしょうを　よみましょう。よめたら、しつもんに　こたえましょう。

かにの　なかまの　もくずしょいが、いわの　ちかくに　かくれて　います。

もくずしょいは、はさみで、かいそうなどを　小《ちい》さく　きる　ことが　できます。かいそうなどを　からだに　つけて、かいそうに　へんしんするのです。

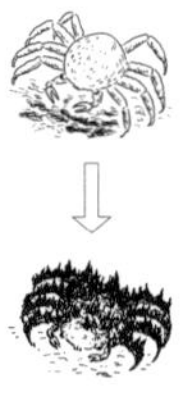

（令和六年度版　光村図書　こくご　一上　かざぐるま　「うみの　かくれんぼ」による）

(1) もくずしょいは、なんの　なかまの　いきものですか。

かに

(2) もくずしょいは、どんな　ところに　かくれて　いますか。

いわの　ちかく

(3) もくずしょいは、なにを　つかって、かいそうなどを　きりますか。

はさみ

(4) かいそうなどを　からだに　つけるのは、なんの　ためですか。ひとつに　○を　つけましょう。

（　）かいそうを　たべる　ため。
（○）かいそうに　へんしん　する　ため。
（　）かいそうを　小《ちい》さく　きる　ため。

74

75頁

せつめい文《ぶん》

じどう車《しゃ》くらべ ①

名まえ

つぎの　文《ぶん》しょうを　よみましょう。よめたら、しつもんに　こたえましょう。

トラックは、にもつを　はこぶ　しごとを　して　います。

その　ために、うんてんせきの　ほかは、ひろい　にだいに　なって　います。

おもい　にもつを　のせる　トラックには、タイヤが　たくさん　ついて　います。

（令和六年度版　光村図書　こくご　一下　ともだち　「じどう車くらべ」による）

(1) なんの　じどう車《しゃ》に　ついて　かいて　ありますか。

トラック

(2) トラックは、どんな　しごとを　して　いますか。

（**にもつ**）を（**はこぶ**）しごと。

(3) うんてんせきの　ほかは、どう　なって　いますか。

（**ひろい**）にだいに　なって　います。

(4) おもい　にもつを　のせる　トラックには、なにが　たくさん　ついて　いますか。

タイヤ

75

76頁

せつめい文《ぶん》

じどう車《しゃ》くらべ ②

名まえ

つぎの　文《ぶん》しょうを　よみましょう。よめたら、しつもんに　こたえましょう。

クレーン車《しゃ》は、おもい　ものを　つり上《あ》げる　しごとを　して　います。

その　ために、じょうぶな　うでが、のびたり　うごいたり　するように、つくって　あります。車《しゃ》たいが　かたむかないように、しっかりした　あしが、ついて　います。

（令和六年度版　光村図書　こくご　一下　ともだち　「じどう車くらべ」による）

(1) なんの　じどう車《しゃ》に　ついて　かいて　ありますか。

クレーン車

(2) クレーン車《しゃ》は、どんな　しごとを　して　いますか。

おもい　ものを（**つり上げる**）しごと。

(3) なにが　のびたり　うごいたり　しますか。

じょうぶな（**うで**）。

(4) 車《しゃ》たいが　かたむかない　ように、しっかりした　なにが　ついて　いますか。

あし

76

77頁

せつめいぶん

さとうと　しお

名まえ

1、2の　ぶんしょうを　よみましょう。よめたら、しつもんに　こたえましょう。

1
さわって　みると　どうでしょう。
さとうは、すこし　べたべたして　います。
しおは、さらさらして　います。

2
どんな　あじが　するでしょう。
さとうは、あまい　あじが　します。
しおは、しおからい　あじが　します。

（令和六年度版　東京書籍　新編　あたらしいこくご　一上　「さとうと　しお」による）

1
(1) さとうを　さわって　みると、どう　でしたか。

すこし　**べたべた**　して　います。

(2) しおを　さわって　みると、どう　でしたか。

さらさら　して　います。

2
(1) さとうと　しおの　なにを　くらべて　いますか。

あじ

(2) さとうは、どんな　あじが　しますか。

あまい　あじ

(3) しおは、どんな　あじが　しますか。

しおからい　あじ

77

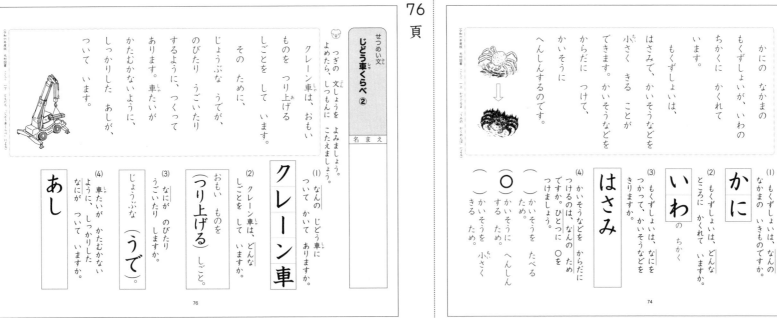

解答例

※ワークシートと解答例は、学習する児童の実態にあわせて拡大してお使いください。

78頁

せつめいぶん
どう やって みを まもるのかな ①

名まえ

1、2の ぶんしょうを よみましょう。よめたら、しつもんに こたえましょう。

1
これは、やまあらしです。
やまあらしの せなかには、ながくて かたい とげが あります。
どのように して みを まもるのでしょう。

2
やまあらしは、とげを たてて、みを まもります。
てきが きたら、うしろむきに なって、とげを たてます。

（令和六年度版 東京書籍 新編 あたらしいこくご 一上 「どう やって みを まもるのかな」による）

1 (1) なんと いう どうぶつの ことが かいて ありますか。

やまあらし

(2) ながくて かたい とげは、やまあらしの どこに ありますか。

せなか

2 やまあらしは、どのように して みを まもりますか。□から ことばを えらんで、（ ）に かきましょう。

（てき）が きたら、（うしろむき）に なって、（とげ）を たてて、みを まもります。

うしろむき　とげ　てき

79頁

せつめいぶん
どう やって みを まもるのかな ②

名まえ

1、2の ぶんしょうを よみましょう。よめたら、しつもんに こたえましょう。

1
これは、あるまじろです。
あるまじろの からだの そとがわは、かたい こうらに なって います。
どのように して みを まもるのでしょう。

2
あるまじろは、からだを まるめて、みを まもります。
てきが きたら、こうらだけを みせて、じっとして います。

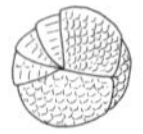

（令和六年度版 東京書籍 新編 あたらしいこくご 一上 「どう やって みを まもるのかな」による）

1 (1) なんと いう どうぶつの ことが かいて ありますか。

あるまじろ

(2) あるまじろの からだの そとがわは、どう なって いますか。

かたい（こうら）に なって います。

2 (1) あるまじろは、みを まもる とき、からだを どう しますか。○を つけましょう。

（○）まるめる。
（　）まっすぐ のばす。

(2) てきが きたら、あるまじろは どう しますか。

（こうら）だけを みせて、（じっと）して います。

80頁

せつめい文《ぶん》
いろいろな ふね ①

名まえ

1、2の 文《ぶん》しょうを よみましょう。よめたら、しつもんに こたえましょう。

1
フェリーボートは、たくさんの 人《ひと》と じどう車《しゃ》を いっしょに はこぶ ための ふねです。

2
この ふねの 中《なか》には、きゃくしつや 車《くるま》を とめて おく ところが あります。
人《ひと》は、車《くるま》を ふねに 入《い》れてから、きゃくしつで 休《やす》みます。

（令和六年度版 東京書籍 新編 あたらしいこくご 一下 「いろいろな ふね」による）

1 (1) なんと いう ふねに ついて かいて ありますか。

フェリーボート

(2) フェリーボートは、なにを はこぶ ための ふねですか。

人 と じどう車

2 (1) この ふねの 中《なか》に ある ものを 二《ふた》つ かきましょう。

●（きゃくしつ）。
●（車を とめて おく）ところ。

(2) この ふねの 中《なか》では、人《ひと》は どこで 休《やす》みますか。○を つけましょう。

（　）車《くるま》の 中《なか》
（○）きゃくしつ

81頁

せつめい文《ぶん》
いろいろな ふね ②

名まえ

つぎの 文《ぶん》しょうを よみましょう。よめたら、しつもんに こたえましょう。

ぎょせんは、さかなを とる ための ふねです。
この ふねは、さかなの むれを 見《み》つける きかいや、あみを つんで います。
見《み》つけた さかなを あみで とります。

（令和六年度版 東京書籍 新編 あたらしいこくご 一下 「いろいろな ふね」による）

(1) なんと いう ふねに ついて かいて ありますか。

ぎょせん

(2) ぎょせんは、なにを とる ための ふねですか。

さかな

(3) この ふねに つんで いる ものを 二《ふた》つ かきましょう。

●さかなの（むれ）を 見つける（きかい）。
●（あみ）。

(4) 見《み》つけた さかなは、なにで とりますか。

あみ

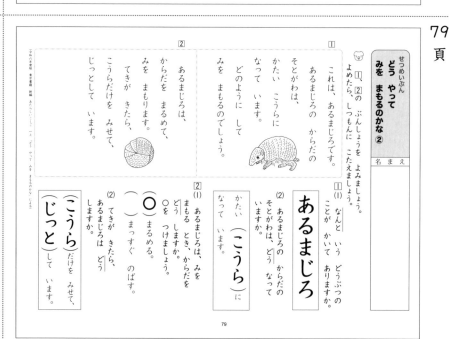

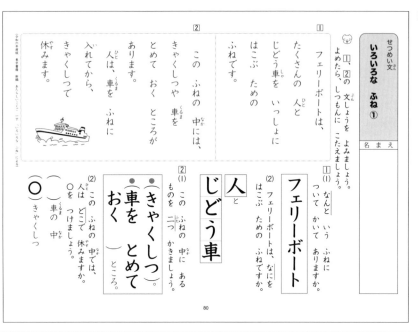

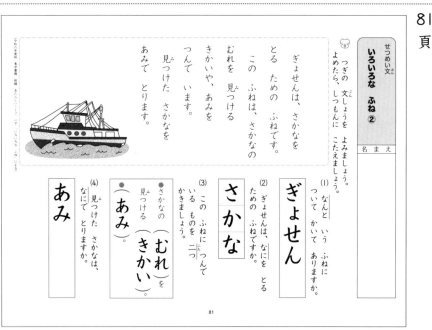

※ワークシートと解答例は、学習する児童の実態にあわせて拡大してお使いください。

※児童に取り組ませる前に、必ず先生が問題を解いてください。本書の解答や指導にあたっては、あくまで１つの例です。児童の多様な考えに寄り添って、○つけをお願いします。

82頁

せつめい文《ぶん》

子《こ》どもを　まもる　どうぶつたち ①

名まえ

[1]、[2]の　文《ぶん》しょうを　よみましょう。よめたら、しつもんに　こたえましょう。

[1]

どうぶつたちの　まわりには　さまざまな　てきが　いて、きけんが　いっぱいです。どうぶつたちは、どのような　ちえを　つかい、てきから　子《こ》どもを　まもるの　でしょう。

[2]

オオアリクイは、ながい　したを　つかって、アリや　シロアリを　とる　どうぶつです。したを　しまって　おく　ために、オオアリクイの　口《くち》は　ほそながく　なって　います。

※さまざまな…いろいろな。

（令和六年度版　東京書籍　新編　あたらしいこくご　一下　なるしま　えつお）

[1]

(1) どうぶつたちの　まわりに　きけんが　いっぱいなのは　なぜですか。

さまざまな（てき）が　いるから。

(2) どうぶつたちは、てきから　なにを　まもりますか。

子ども

[2]

(1) オオアリクイは、ながい　したを　つかって、どんな　いきものを　とりますか。二《ふた》つ　かきましょう。

※順不同

アリ

シロアリ

(2) したを　しまって　おく　ために、ほそながく　なって　いるのは　なんですか。

オオアリクイの（口）。

82

83頁

せつめい文《ぶん》

子《こ》どもを　まもる　どうぶつたち ②

名まえ

[1]、[2]の　文《ぶん》しょうを　よみましょう。よめたら、しつもんに　こたえましょう。

[1]

ライオンなど、にくを　たべる　どうぶつが、子《こ》どもを　きけんから　とおざける　ときには、ふつう　くわえたり　かかえたり　して、はこびます。しかし、オオアリクイの　口《くち》は　ほそながいので、子《こ》どもを　くわえて　はこぶ　ことが　できません。

[2]

そこで、オオアリクイの　おやは、ちえを　つかいます。オオアリクイの　おやは、子《こ》どもを　せなかに　のせて　はこびます。おやの　からだの　もようと、子《こ》どもの　からだの　もようが　つながって　見《み》え、てきから　子《こ》どもが　目立《めだ》たなく　なるのです。

（令和六年度版　東京書籍　新編　あたらしいこくご　一下　なるしま　えつお）

[1]

(1) ライオンは、なにを　たべる　どうぶつだと　いって　いますか。

（にく）を　たべる　どうぶつ。

(2) オオアリクイが　ライオンの　ように、子《こ》どもを　くわえて　はこぶ　ことが　できないのは　なぜですか。

オオアリクイの（口）は　ほそながいから。

[2]

(1) オオアリクイの　おやは、子《こ》どもを　どのように　はこびますか。

子《こ》どもを（せなかに　のせて）はこびます。

(2) てきから　子《こ》どもが　目立《めだ》たなく　なるのは、なぜですか。

おやの　からだの（もよう）と、子《こ》どもの　からだの（もよう）が（つながって）見《み》えるから。

83

84頁

ことば

かきと　かぎ

名まえ

つぎの　ぶんしょうを　よみましょう。よめたら、しつもんに　こたえましょう。

さるの　だいじな
かぎの　たば
げんかん　うらぐち
まど　とだな
どれが　どれだか
わからない

（令和六年度版　光村図書　こくご　一上　かざぐるま　「かきと　かぎ」による）

(1) さるの　だいじな　ものは　なんですか。

かぎ の たば

(2) どれが　どれだか　わからなく　なったのは　どこの　かぎですか。よっつ　かきましょう。

げんかん

うらぐち

まど

とだな

84

85頁

ことば

ねこと　ねっこ

名まえ

つぎの　ぶんしょうを　よみましょう。よめたら、しつもんに　こたえましょう。

ねこが　いっぴき、
はらっぱ　はしる。
ねっこ　とびこえ、
ばったと　かけっこ。

（令和六年度版　光村図書　こくご　一上　かざぐるま　「ねこと　ねっこ」による）

(1) ねこは、なんびき　いますか。

いっぴき

(2) ねこは、どこを　はしりますか。

はらっぱ

(3) ねこは、なにを　とびこえましたか。

ねっこ

(4) ねこは、ばったと　なにを　しましたか。

かけっこ

85

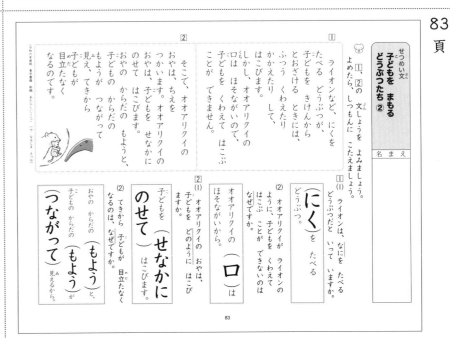

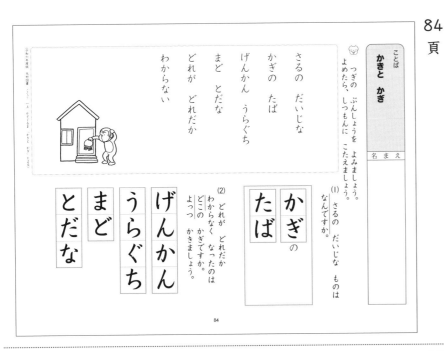

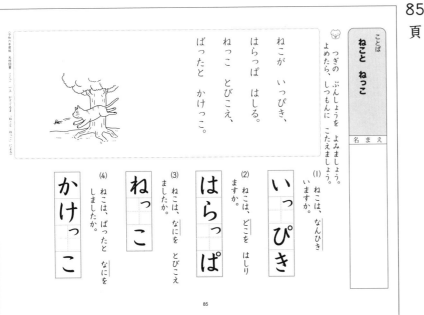

解答例

※ワークシートと解答例は、学習する児童の実態にあわせて拡大してお使いください。

※児童に取り組ませる前に、必ず先生が問題を解いてください。本書の解答や指導にあたっては、あくまで１つの例です。児童の多様な考えに寄り添って、○つけをお願いします。

86頁

ことば
おばさんと　おばあさん

名まえ

つぎの　ぶんしょうを　よみましょう。
よめたら、しつもんに　こたえましょう。

まほうの　ほうきで
そら　とぶ　おばさん。
げんきに　たいそう
おばあさん。

(令和六年度版　光村図書　こくご　一上　かざぐるま　「おばさんと　おばあさん」による)

(1) どんな　ほうきですか。
まほう　の　ほうき

(2) そらを　とぶのは　だれですか。
おばさん

(3) げんきに　たいそう　するのは、だれですか。
おばあさん

87頁

ことば
おもちゃと　おもちゃ

名まえ

つぎの　ぶんしょうを　よみましょう。
よめたら、しつもんに　こたえましょう。

おきゃくが　ぎょうれつ
しょうてんがい。
おもちの　ならぶ
おもちやさん。
おもちゃが　いっぱい
おもちゃやさん。

(令和六年度版　光村図書　こくご　一上　かざぐるま　「おもちゃと　おもちゃ」による)

(1) だれが　ぎょうれつを　つくって　いますか。
おきゃく

(2) ぎょうれつが　できて　いるのは、どこですか。
しょうてん　がい

(3) おもちが　ならんで　いるのは、なにやさんですか。
おもちや　さん

(4) おもちゃが　いっぱい　あるのは、なにやさんですか。
おもちゃや　さん

88頁

ことば
かたかなを　みつけよう

名まえ

つぎの　ぶんしょうを　よみましょう。
よめたら、しつもんに　こたえましょう。

コップに　ぎゅうにゅう
おさらに　サラダ
パンには　ジャムを
つけましょう
スープは　スプーンで
のみましょう
ゼリーは　しょくごの
おたのしみ

(令和六年度版　光村図書　こくご　一上　かざぐるま　「かたかなを　みつけよう」による)

(1) ぎゅうにゅうは、なにに　はいって　いますか。
コップ

(2) おさらには、なにが　ありますか。
サラダ

(3) パンには、なにを　つけますか。
ジャム

(4) スープは、なにで　のみますか。
スプーン

(5) しょくごの　おたのしみは、なんですか。
ゼリー

89頁

ことば
かずと　かんじ

名まえ

つぎの　ぶんしょうを　よみましょう。
よめたら、しつもんに　こたえましょう。

一	いち（いっ）	ひとつ
二	に	ふたつ
三	さん	みっつ
四	し　よん	よっつ
五	ご	いつつ
六	ろく（ろっ）	むっつ
七	しち　なな	ななつ
八	はち（はっ）	やっつ
九	きゅう　く	ここのつ
十	じゅう　じっ（じゅっ）	とお

一《ひと》つ　たたくと、こぶたが　一《いっ》ぴき。
二《ふた》つ　たたくと、こぶたが　二《に》ひき。
三《みっ》つ　たたくと、こぶたが　三《さん》びき。
四《よっ》つ　たたくと、こぶたが　四《よん》ひき。
五《いつ》つ　たたくと、こぶたが　五《ご》ひき。
どんどん　どんどん、ふえて　くる。
六《むっ》つ　たたくと、こぶたが　六《ろっ》ぴき。
七《なな》つ　たたくと、こぶたが　七《しち》ひき。
八《やっ》つ　たたくと、こぶたが　八《はっ》ぴき。
九《ここの》つ　たたくと、こぶたが　九《きゅう》ひき。
十《とお》　たたくと、こぶたが　十《じっ》ぴき。
のはらは、こぶたで　いっぱいだ。

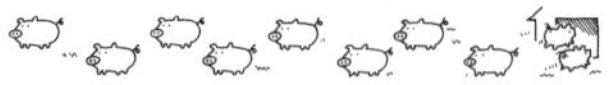

(令和六年度版　光村図書　こくご　一上　かざぐるま　「かずと　かんじ」による)

(1) たたくと、なにが　でて　きますか。
こぶた

(2) 四《よっ》つ　たたくと、なんひきに　なりますか。
四　ひき

(3) こぶたが　どんどん　どんどん、どう　なりますか。
どんどん　どんどん、（ふえて）くる。

(4) こぶたで　いっぱいに　なった　ところは、どこですか。
のはら

(5) 正《ただ》しい　ものに　一《ひと》つ　○を　つけましょう。

（　）たたく　かずが　一《ひと》つ　ふえると、こぶたの　かずも　二《に》ひき　ふえる。
（○）たたく　かずが　一《ひと》つ　ふえると、こぶたの　かずも　一《いっ》ぴき　ふえる。
（　）たたく　かずが　ふえても、こぶたの　かずは　ふえない。

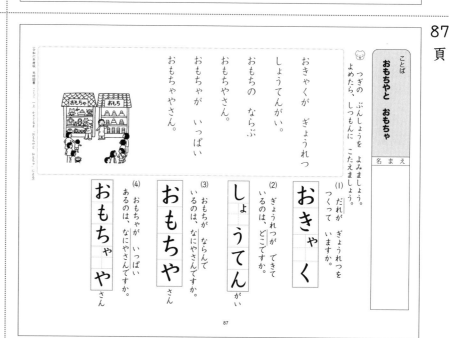

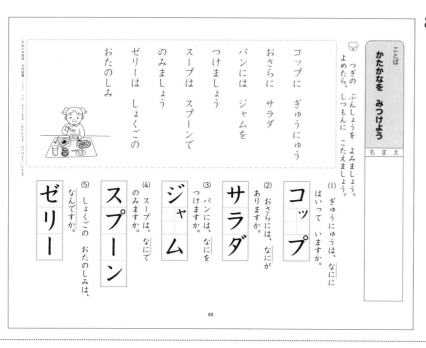

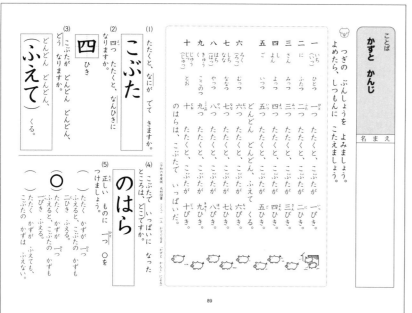

※児童に取り組ませる前に、必ず先生が問題を解いてください。本書の解答や指導にあたっては、あくまで１つの例です。児童の多様な考えに寄り添って、○つけをお願いします。

解答例

※ワークシートと解答例は、学習する児童の実態にあわせて拡大してお使いください。

90頁

ことば

かん字《じ》の　はなし

名まえ

つぎの　文《ぶん》しょうを　よみましょう。よめたら、しつもんに　こたえましょう。

かん字《じ》は、はじめは、
かんたんな　えのような
ものでした。
「やま」の　すがたから、
「山《やま》」と　いう　かん字《じ》が
できました。

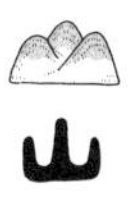

「みず」の　ながれる
ようすから、「水《みず》」と　いう
かん字《じ》が　できました。

空《そら》から　「あめ」が　ふる
ようすから、「雨《あめ》」と　いう
かん字《じ》が　できました。

（令和六年度版　光村図書　こくご　一下　ともだち「かん字の　はなし」による）

(1) かん字の　はじめは、どのような　ものでしたか。

かんたんな（え）のような　もの。

(2) 「やま」の　すがたから、できた　かん字《じ》を　かきましょう。

山

(3) 「水《みず》」と　いう　かん字《じ》は、「みず」の　どんな　ようすから　できましたか。

（ながれる）ようす。

(4) 空《そら》から　「あめ」が　ふる　ようすから、できた　かん字《じ》を　かきましょう。

雨

90

91頁

ことば

はやくちことば

名まえ

１～３の　はやくちことばを　よみましょう。よめたら、しつもんに　こたえましょう。

１
なまむぎ
なまごめ
なまたまご

２
あおまきがみ
あかまきがみ
きまきがみ

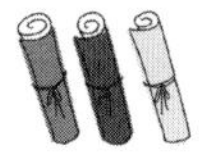

３
かえる　ひょこひょこ
三《み》ひょこひょこ
あわせて　ひょこひょこ
六《む》ひょこひょこ

（令和六年度版　光村図書　こくご　一下　ともだち「ことばを　たのしもう」による）

１ 「なま」に　つづく　ことばを　三《みっ》つ　かきましょう。

※順不同

なま（むぎ）
なま（ごめ）
なま（たまご）

２ まきがみには、どんな　いろの　ものが　ありますか。

※順不同

（あお）いろ
（あか）いろ
（き）いろ

３ かえるは、あわせて　なんひき　いますか。○を　つけましょう。

（　）三《さん》びき
（○）六《ろっ》ぴき

91

92頁

ことば

日《ひ》づけと　よう日《び》①

名まえ

１、２の　文《ぶん》しょうを　よみましょう。よめたら、しつもんに　こたえましょう。

１
一月一日《いちがつついたち》　お正月《しょうがつ》。

二月二日《にがつふつか》は　みんなで　こたつ。
三月三日《さんがつみっか》は　ももの　花《はな》。
四月四日《しがつよっか》は　さくらの　花見《はなみ》。
五月五日《ごがついつか》は　こいのぼり。

六月六日《ろくがつむいか》は　わかばの　こみち。

２
七月七日《しちがつなのか》は　天《あま》の川《がわ》。
八月八日《はちがつようか》は　なつ休《やす》み。

九月九日《くがつここのか》　虫《むし》の　こえ。
十月十日《じゅうがつとおか》は　ハイキング。
ロープウエーにも　㋐のりたいな。

十一月十一日《じゅういちがつじゅういちにち》　おちばひろい。
十二月二十日《じゅうにがつはつか》は、
はやく　こい　こい　お正月《しょうがつ》。

（令和六年度版　光村図書　こくご　一下　ともだち「日づけと　よう日」による）

１
(1) 一月一日《いちがつついたち》は、なんと　かいて　ありますか。

お正月

(2) 四月四日《しがつよっか》は、なんと　かいて　ありますか。

さくらの　花見

(3) 六月六日《ろくがつむいか》は、なんと　かいて　ありますか。

わかばの　こみち

２
(1) 天《あま》の川《がわ》に　つながりが　あるのは、何月何日《なんがつなんにち》ですか。

七月《がつ》七日《か》

(2)
① ㋐のりたいなと　かいて　あるのは、何月何日《なんがつなんにち》ですか。

十月《がつ》十日《か》

② なにに　のりたいのですか。

ロープウエー

(3) 十二月二十日《じゅうにがつはつか》は、なんと　かいて　ありますか。

はやく　こい　こい
お正月。

92

93頁

ことば

日《ひ》づけと　よう日《び》②

名まえ

つぎの　文《ぶん》しょうを　よみましょう。よめたら、しつもんに　こたえましょう。

お日《ひ》さま　にっこり
日《にち》よう日《び》

きれいな　月《つき》だね
月《げつ》よう日《び》

たき火《び》で　やきいも
火《か》よう日《び》だ

おいしい　水《みず》　のむ
水《すい》よう日《び》

木《き》のぼり　どきどき
木《もく》よう日《び》

お金《かね》で　かいもの
金《きん》よう日《び》

土《つち》に　たね　まく
土《ど》よう日《び》だ

（令和六年度版　光村図書　こくご　一下　ともだち「日づけと　よう日」による）

(1) お日《ひ》さまが　にっこり　するのは、なんよう日《び》ですか。

日よう日

(2) 月《つき》が　きれいなのは、なんよう日《び》ですか。

月よう日

(3) たき火《び》で　やきいもを　やくのは、なんよう日《び》ですか。

火よう日

(4) おいしい　水《みず》を　のむのは、なんよう日《び》ですか。

水よう日

(5) 木《もく》よう日《び》に　なにを　しますか。

木のぼり

(6) 金《きん》よう日《び》に　お金《かね》で　なにを　しますか。

かいもの

(7) 土《ど》よう日《び》に　土《つち》に　なにを　まきますか。

たね

93

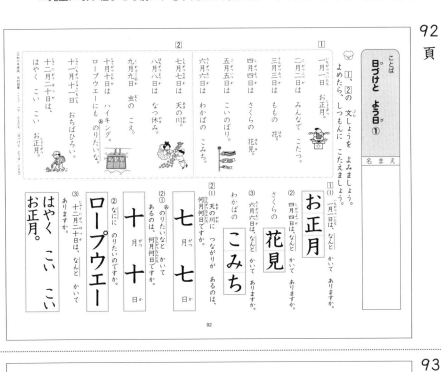

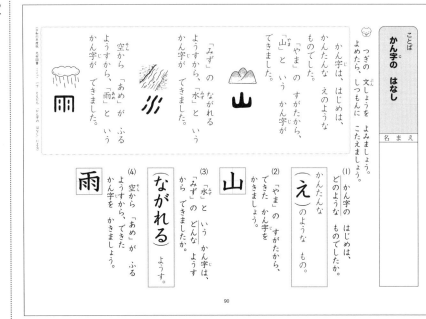

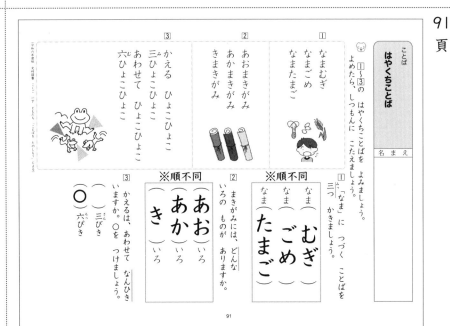

※児童に取り組ませる前に、必ず先生が問題を解いてください。本書の解答や指導にあたっては、あくまで１つの例です。児童の多様な考えに寄り添って、〇つけをお願いします。

※ワークシートと解答例は、学習する児童の実態にあわせて拡大してお使いください。

94頁

ことば

ものの 名《な》まえ ①

名まえ

1、2の 文《ぶん》しょうを よみましょう。よめたら、しつもんに こたえましょう。

1
けんじさんは、夕《ゆう》がた、
おねえさんと 町《まち》へ
かいものに いきました。

2
はじめの おみせには、
りんご、みかん、
バナナなどが、ならんで
います。あふたりは、
五百円《ごひゃくえん》で りんごを
かいました。

この おみせは、
なにやさんでしょう。

（令和六年度版 光村図書 こくご 一下 ともだち「ものの 名まえ」による）

1 けんじさんが 町《まち》へ いった のは、なにを するためですか。

かいもの

2 (1) はじめの おみせに ならんで いる ものの 名《な》まえを 三《みっ》つ かきましょう。

※順不同

りんご
みかん
バナナ

(2) あふたりとは、だれと だれの ことですか。

※順不同

（けんじ（さん））と（おねえさん）

95頁

ことば

ものの 名《な》まえ ②

名まえ

1、2の 文《ぶん》しょうを よみましょう。よめたら、しつもんに こたえましょう。

1
つぎに、さかなやさんに
いきました。
あじ、さば、たいなどが、
ならんで います。

2
けんじさんが、
あ「さかなを ください。」
と いって、
千円《せんえん》さつを 出《だ》しました。
おみせの おじさんは、
い「さかなじゃ
わからないよ。」
と、わらいながら
いいました。
おじさんは、なぜ、
「わからないよ。」と
いったのでしょう。

（令和六年度版 光村図書 こくご 一下 ともだち「ものの 名まえ」による）

1 (1) つぎに、どこに いきましたか。

さかなやさん

(2) この おみせに ならんで いる ものの 名《な》まえを 三《みっ》つ かきましょう。

※順不同

あじ
さば
たい

2 (1) あ「さかなを ください。」と いったのは だれですか。

けんじ（さん）

(2) おじさんは、なぜ、い「さかなじゃ わからないよ。」と いったのですか。〇を つけましょう。

（〇）さかなにも あじ、さば、たいなど、いろいろな ものが あるから。

（　）いかや たこは ある けれど、さかなは ならんで いないから。

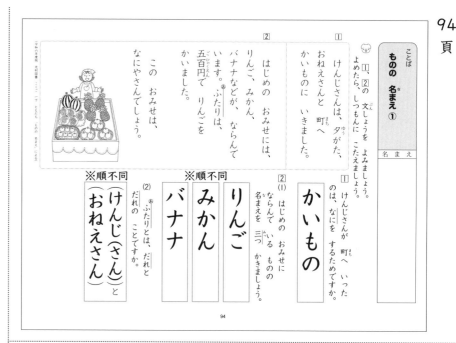

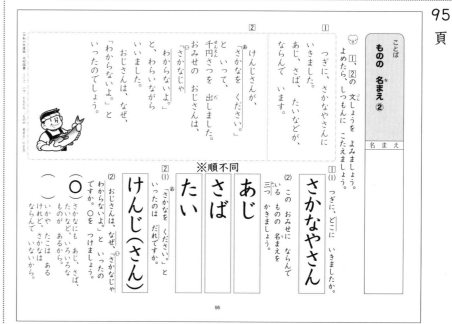

【本書の発行のためにご協力頂いた先生方】（敬称略）

羽田　純一（はだ　じゅんいち）　元京都府公立小学校教諭
中村　幸成（なかむら　ゆきなり）　元奈良教育大学附属小学校主幹教諭
新川　雄也（しんかわ　ゆうや）　元愛媛県小学校教諭

【企画・編集】

原田　善造（はらだ　ぜんぞう）　学校図書教科書編集協力者
わかる喜び学ぶ楽しさを創造する教育研究所・著作研究責任者
元大阪府公立小学校教諭
（高槻市立芥川小学校特別支援学級教諭）

喜楽研の支援教育シリーズ
ゆっくり ていねいに 学びたい子のための
読解ワーク　ぷらす　１年

2025 年 3 月 10 日　第 1 刷発行

原稿執筆者：羽田 純一・中村 幸成・新川 雄也　他
イラスト：山口 亜耶・白川 えみ　他
企画・編著：原田 善造　（他８名）
編集担当：田上 優衣
発行者：岸本 なおこ
発行所：喜楽研（わかる喜び学ぶ楽しさを創造する教育研究所：略称）
〒604-0854　京都府京都市中京区仁王門町 26-1　5F
TEL　075-213-7701　FAX　075-213-7706
印刷：株式会社米谷

ISBN 978-4-86277-421-7　Printed in Japan